Martin Burckhardt

Eine kurze Geschichte der Digitalisierung

PENGUIN VERLAG

Für Johannes (wenn er denn groß genug ist)

INHALT

GEDANKEN VORWEG

Alle reden von »Digitalisierung«. Doch was sich dahinter verbirgt, ist eine große Unbekannte geblieben – der innigen Beziehung zum Trotz, die wir zu unserem Smartphone unterhalten. Fragt man danach, woher der Computer kommt, lautet die Antwort meist: »von der Rechenmaschine«, oder es folgt verlegenes Schweigen. Erstaunlicherweise betrifft diese Ahnungslosigkeit nicht nur diejenigen, die als User keinen Grund sehen, dem Innenleben ihres Lieblingsspielzeugs hinterherzuforschen, sondern vielfach auch Programmierer, deren Beruf darin besteht, der Maschine Dienstbarkeit, wenn nicht gar »Intelligenz« einzuhauchen. Dies führt zu jener sonderbaren Spaltung der Welt, in der ein Teil des Publikums die Maschine als himmlisches Jerusalem bejubelt, ein anderer sie als Abgrund verteufelt. Derlei Glaubensstreitigkeiten haben jedoch wenig mit der Realität zu tun. Hin- und hergerissen zwischen Himmel und Hölle, bewegt man sich in der Cloud, einem geistigen Schwebezustand, in dem nichts mehr gewiss ist.

Hat schon Marx prophezeit, dass alles »Stehende und Ständische verdampft«, kann jede Gegenwartsdiagnose nur nüchtern konstatieren, dass die sogenannte »Realität« in Auflösung begriffen ist: ein Potemkin'sches Dorf, das nicht zufällig immer mehr »Fake News« hervorbringt. Konnte man vor einigen Jahren noch glauben, dass der Welt mit der Digitalisierung eine Art Second Life angeflanscht ist, begreifen wir heute: Wir hängen im Netz, so oder so, hier und jetzt. Und das ist unser Leben.

Jedoch ist dieser Prozess kein Verhängnis, das von einer höheren Instanz ins Werk gesetzt worden wäre. Ganz im Gegenteil: Die Digitalisierung ist ein Menschheitsprojekt. Anders als in der Auseinandersetzung mit der Natur hat man es hier nicht mehr mit behämmerter Materie, der Tücke des Objekts oder anderen Widrigkeiten zu tun. Wenn der Gedanke an eine Grenze stößt, so liegt sie im eigenen Fassungsvermögen begründet, dem Mangel an Imagination oder der schieren Unkenntnis der Regeln und Sprachen, denen die digitale Welt gehorcht.

Wenn ich die »kurze Geschichte der Digitalisierung« erzähle, so ist der Impuls, der mich treibt, der Versuch, die Geschichte eines welt- und gesellschaftsverändernden kulturellen Wandels zu fassen, der in Begriffslosigkeit, Märchenglauben und Halbwissen zu ersticken droht. Dabei besteht der größte Irrglaube in der Annahme, man habe es mit einem Werkzeug zu tun, das man, wie einen Hammer, »im Griff« haben könne. Nein, der Computer ist nichts, was man »im Griff« hat, er ist vielmehr eine gesellschaftsüberwölbende Architektur, eine geistige Kathedrale, die sich über mehrere Jahrhunderte herausgebildet hat.

Lässt man sich auf diese Geschichte ein, die gelegentlich heitere, immer aber höchst menschliche Züge trägt, entsteht ein neues Bild der Moderne: ein Bild, in dem die Digitalisierung nicht mehr als kalter Dämon erscheint. Denn nicht der Himmel ist unsere Grenze, sondern die menschliche Einbildungskraft.

Martin Burckhardt
Herbst 2018

1

VOM KURZSCHLUSS
DER GESCHICHTE

Jede Vorgeschichte ist dunkel – und so muss man sich nicht wundern, dass man von seinem Kind gefragt wird, ob man eigentlich die Steinzeit miterlebt habe. Aber so weit müssen wir gar nicht zurück. Bloß in das Jahr 1746, das ebenfalls weit vor meiner Zeit liegt. Und doch behaupte ich, dass in diesem ansonsten recht ereignislosen Jahr das Internet in die Welt geraten ist. Bitte? Ja, das klingt verrückt. Vermutlich wird mancher protestieren und sagen: Was für ein Quatsch! Was ist mit Tim Berners-Lee? Aber Geduld! Denn auf der Suche nach den Wurzeln des digitalen Zeitalters werden wir nicht der allgemeinen Heldengeschichte folgen, sondern dem »Geist der Maschine« – genau dorthin, wo unsere wundersame Analog-Digital-Wandlung ihren Ausgang nimmt.

Stellen wir uns ein freies Feld im Norden Frankreichs vor. Sechshundert Mönche, die sich in einem großen Kreis aufstellen und einander mit Eisendraht verkabeln.

Nachdem sich die Mönche in Formation gebracht haben, berührt einer von ihnen, der Abbé Jean-Antoine Nollet, ein Gefäß. Und was passiert? Nicht bloß einer, nein, alle Mönche beginnen zu zucken!

Was so esoterisch klingt wie Stühlerücken und Totenbeschwörung, ist kein rätselhafter Kult, sondern ein streng wissenschaftlicher Versuch. Man hatte herausgefunden, dass sich Elektrizität speichern lässt – nämlich in der sogenannten Leidener Flasche, einem mit Wasser gefüllten Glasbehälter, der durch Reibung elektrisiert worden war. Und mit dieser »Batterie« im Gepäck stellte sich die Frage, wie schnell sich die wunderbare Substanz durch einen Menschenkreislauf bewegt. Gibt es da jene Art Phasenversatz wie bei einer La-Ola-Welle?

Ursprünglich hatte man angenommen, dass der Strom, den man sich als feine Flüssigkeit vorstellte, sich wie eine rasend schnelle Flutwelle ausbreiten würde. Deshalb die Versuchsanordnung: das große, weite Feld und die große Zahl der Mönche, die einen Kreis von etwa 600 Metern Durchmesser bildeten. Gleichwohl, das Ergebnis war überraschend. Denn als der Versuchsleiter den kleinen Metallstift berührte, der aus der Flasche hervorragte, begannen die Mönche gleichzeitig zu zucken, ohne dass das Auge eine Verzögerung wahrnehmen konnte. Das musste bedeuten, dass in dem Augenblick, als der Geist die Flasche verließ, die Elektrizität überall war! Wie erstaunlich! Und gleichzeitig verstörend. Wie der liebe Gott, den man sich als eine Allgegenwart vorstellte.

Schon die ersten Beobachtungen, die man mit dieser merkwürdigen Kraft gemacht hatte, waren überaus rätselhaft gewesen. Fast vierzig Jahre zuvor hatte Stephen Gray, ein Textilfärber und Hobbyastronom, bemerkt, dass der Glaszylinder, den er mit Wolle oder Katzenfell abgerieben hatte, plötzlich anziehend wirkte: Im Raum herumliegender Gänseflaum blieb daran hängen. Was tut man wohl, wenn man einen Geist in der Flasche gefangen hat? Man pfropft die Flasche mit einem Korken zu.

Damit freilich war diesem Geist nicht beizukommen. Denn als Gray seinen Korken anderweitig benutzen wollte, stellte er fest, dass sich die rätselhafte Anziehungskraft auf den Korken übertragen hatte – auch er zog nun Gänsefedern an. Gray befestigte Hanfschnüre am Korkenverschluss, um zu prüfen, ob sich der Geist an diesen Schnüren entlang zu anderen Punkten im Raum zu hangeln vermochte. Bei den nachfolgenden Versuchen wurden die Schnüre, die er »Lines of Communication« nannte, immer länger. Und es zeigte sich, dass sich die merkwürdige Kraft zu jedem beliebigen Punkt transportieren ließ. Allerdings gelang dies nicht immer. Holz und Glas beispielsweise waren gänzlich unempfindlich, während Kupferdraht eine besonders hohe Leitfähigkeit besaß. Folglich gelang es Gray im Jahr 1729, mithilfe eines seidenumwickelten Kupferdrahts eine größere Strecke zu überbrücken. Berührte er nun den elektrisierten Glaszylinder, erhoben sich am anderen Ende der Leitung Blattgoldstücke und tanzten wie Schmetterlinge um eine Elfenbeinkugel herum. Natürlich stellte sich die Frage: Wie verhält sich der menschliche Körper zu dieser beweglichen Anziehungskraft? Ist er leitfähig oder nicht?

Um das herauszufinden, hängte Gray einen Knaben in eine Seilkonstruktion, elektrisierte ihn mithilfe einer aufgeladenen Glasröhre und ließ das Kind mit den Fingerspitzen Messingplättchen anziehen.

Da der Junge an einem nicht leitenden Holzgestell hing,
war klar, dass der menschliche Körper animierbar war.
Folglich musste es so etwas wie eine »animalische Elek-
trizität« geben. Sehr bald schon verwandelten sich diese
Versuche zu einem modischen Zeitvertreib, bei dem die
Kavaliere der Wissenschaft vorführten, dass man jungen
Frauen Funken aus dem Kopf ziehen konnte, Schriftzüge
aufglühen lassen und dergleichen mehr.

Aber was hat all das mit unserer Computerwelt und dem
Internet zu tun? Schweifen wir hier nicht ab und kom-
men von Hölzken auf Stöcksken, vom Hundertsten ins
Tausendste? Strenggenommen ist genau diese Abschwei-
fung unser Thema. Denn das Experiment mit den Mön-
chen ist nur eine radikale Ausweitung der Gray'schen
Versuche, mit dem Unterschied, dass hier erstmals die
Frage der Geschwindigkeit im Vordergrund steht. Der
Versuchsleiter, Abbé Nollet, hatte bereits dem franzö-
sischen König die Schlagkraft einer Leidener Flasche

demonstriert, und zwar indem er eine ganze Kompanie von Soldaten in Zuckungen versetzt hatte. Seine Mönche bekamen nun die Doppelrolle auferlegt, als elektrische Leiter, aber auch als Sensoren zu fungieren, an deren Zuckungen abzulesen sein würde, ob sie von der Geisterkraft erfasst worden waren oder nicht. Dass alle Mönche gleichzeitig zu zucken begannen, ließ nur die Schlussfolgerung zu, dass diese Kraft die Entfernung sozusagen entfernt hatte, trat sie doch zeitgleich an allen Punkten des Kreises in Erscheinung. Aber wie war dies möglich? Was war das für eine Kraft, der es mühelos gelang, den Raum zu überbrücken?

Man kann sich leicht vorstellen, dass diese Frage die Menschen durcheinanderbrachte, umso mehr, als die Wissenschaft die Gesetze der Natur gerade auf den Fall eines Apfels, will sagen: die Gravitation eingeschworen hatte. Tatsächlich sei die Welt, so behaupteten die Philosophen, nichts weiter als eine große Maschine. Folglich war es nur logisch, die Lebewesen als natürliche Automaten aufzufassen, während der Geist präzise und unbestechlich wie ein Uhrwerk funktionierte. Hätte man Kenntnis von der Lage, Position und Geschwindigkeit aller im Universum befindlichen Teile, so könnte man jeden vergangenen, aber auch jeden künftigen Weltzustand verlässlich berechnen. In diese schöne Regelmäßigkeit schlug nun der Blitz der Elektrizität ein wie ein göttliches Wunder – oder anders: Die Entdeckung zog auf wie eine schwere Wolke, die den hellen Himmel der Aufklärung bedrohlich verdunkelte. In jedem Fall ließ diese Wolke allerlei okkulte Fragen wie-derauferstehen. Personifiziert im Philosophen Sweden-borg, dessen Werk ein merkwürdiges Pandämonium von Engeln und Geistwesen versammelte, strömten mit Macht allerlei Fragen zurück, die zuletzt die Theologen des Mittelalters beschäftigt hatten. Hatte man damals darüber spekuliert, wie schnell sich eigentlich Engel bewegen, war man auf die Lösung verfallen, dass ein Engel, wenn er bei-spielsweise von Barcelona nach Mailand reist (978 Kilo-meter Entfernung), sich so schnell bewegt, dass ihn bei einem Regenguss kaum mehr als zwei Regentropfen berühren. Setzen wir dafür eine Dauer von 1 Sekunde an, kommen wir auf eine Durchschnittsgeschwindigkeit von stolzen 3 520 800 km/h (ein Dreihundertstel der Lichtge-schwindigkeit, der Geschwindigkeit, mit der elektrische Teilchen durch ein Vakuum reisen).

Was aber hat das nun mit dem Internet zu schaf-fen? Indem die Versuchsanordnung des Abbé Nollet die Geschwindigkeit der Elektrizität zu ermitteln sucht, nimmt sie die Frage der Relativitätstheorie des 20. Jahrhunderts vorweg – jene Kopplung von Lichtgeschwindigkeit und Echtzeit, in der die Möglichkeit des Fernhandelns bereits eingepreist ist. War es möglich, mit einem Fingerdruck eine Aktion auszulösen, die viele Kilometer entfernt stattfand? Für die damalige Zeit, die sich mit Pferdekraft und Kutsche voranbewegte, war dies eine ungeheure, vor allem gänzlich fremdartige Vorstellung. Aber wenn wir ehrlich sind: Haben wir nicht selbst Schwierigkeiten damit, uns eine solche Gleichzeitigkeit vorzustellen? Deshalb die Rätselfrage: Wie lange braucht wohl ein elektrisch geladenes Teilchen, um auf einem Chip des Jahres 1961 von A nach B zu reisen? Diese Frage ist nichts als die Umformulierung des Nollet'schen Versuchs – nur dass die Mönche hier »Transistoren« genannt werden und ihr Abstand voneinander auf 0,15 Mikrometer zusammengeschrumpft ist. Die Antwort lautet: Wenn ein Meter definiert ist als die Länge der Strecke, die das Licht im Vakuum während der Dauer von 1/299 792 458 Sekunde zurücklegt, braucht das Teilchen nur ein Hunderttausendstel dieser 299 Sekunden-Milliardstel – also eine so geringe Zeitspanne, dass wir sie gar nicht zu denken vermögen.

Letztlich macht es keinen Unterschied, ob wir uns die Engel des Mittelalters, die Mönche des Abbé Nollet oder die Transistoren auf einem Computerchip vorstellen. Für uns spielt der Zeitfluss keine Rolle mehr. Genau das ist die Bedeutung dieses merkwürdigen Wortes: »Echtzeit«.

Damit nämlich ist gesagt, dass, obwohl es durchaus eine Reisegeschwindigkeit der elektrischen Teilchen gibt, diese von unseren Sinnen nicht erfasst werden kann. Weil der Mensch kaum mehr als 30 Bilder in der Sekunde erfassen kann, behaupten wir eine Gleichzeitigkeit, also »Echtzeit« – obwohl das streng physikalisch nicht richtig ist. Insofern gibt es zwischen den elektrisierten Mönchen des Abbé Nollet und den Transistoren eines Computerchips keinen Unterschied. Man könnte vom Humanprozessor des Abbé Nollet sprechen. Wie bei den Engeln des Mittelalters, die von den Mönchen des 18. Jahrhunderts auf Trab gebracht werden, ist es vor allem eine Beschleunigungs- und wie man sieht: eine Verkleinerungsfrage. Genau darin besteht ja der Geschwindigkeitsfortschritt unserer Tage. Fragte man sich im Mittelalter, wie viele Engel auf einer Nadelspitze Platz haben, lautet die Frage moderner Prozessorarchitektur: Wie viele Mönche (Transistoren) kann ich auf einen Chip drucken?

2

DIE GÖTTLICHE KRAFT

Man versteht leicht, warum die Menschen des 18. Jahrhunderts die Elektrizität als göttliche Kraft betrachteten. Diese Überzeugung hatte weitreichende Implikationen: Schon der Abbé Nollet verfiel auf den Gedanken, Kranke mit Elektroschocks zu behandeln. Man hatte die Elektrizität als Lebenskraft identifiziert – immerhin war es gelungen, Kleingetier wie Spatzen oder Kaninchen mithilfe von Elektroschocks aus dem Leben und wieder zurück zu befördern. Zu wahrer Meisterschaft im Umgang mit der neuen Energie brachte es ein Magier, der als Sohn eines Försters bei Konstanz geboren war, in Wien zu Reichtum gelangt und dann, nach einigen Skandalen, 1778 nach Paris gegangen war: Franz

Anton Mesmer. Hatte er seine Patienten zu Anfang mit Elektrizität und mineralischen Magneten behandelt, begriff er bald, dass die Wirkung des »Schocks« selbst dann einsetzte, wenn Elektrizität und Magnet nicht bei jeder Person direkt zum Einsatz kamen. Die Erkenntnis dieses scheinbaren Placebo-Effekts führte Mesmer dazu, von einem sogenannten animalischen Magnetismus auszugehen. Er kreierte eine Apparatur aus einem hölzernen, mit Wasser und Eisenspänen gefüllten Zuber, an dem sich, kreisförmig angeordnet, bis zu zwanzig metallene Bügel befanden.

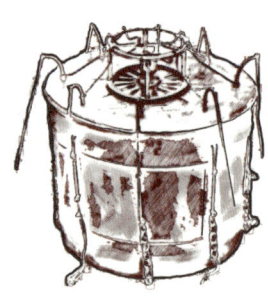

Üblicherweise saßen seine Patienten um diese Apparatur herum und drückten das Körperteil, für das sie sich Heilung erhofften, gegen den Metallbügel. Zudem befand sich neben jedem Bügel ein kleines Seil, mit dem sich der Patient an die Apparatur anschließen konnte, was die Wirkung verstärken sollte. Um einen »elektrischen Kreis« zu bilden, hielten die Patienten einander an den Händen.

Zweifellos war Mesmers Maschine nach dem Vorbild der Leidener Flasche modelliert – auch wenn sie, als medizinisches Instrument, vollkommen nutzlos war. Nichtsdestoweniger waren die Séancen von höchster Suggestivkraft. Während die Patienten auf den Auftritt des Meisters warteten, verloren sie sich in den Klängen einer Glasharmonika, den Spiegelbildern oder den astrologischen Zeichen, die den opulenten, von schweren Vorhängen verdunkelten Raum verzierten. Irgendwann betrat der Wunderheiler Franz Anton Mesmer das Zimmer und versetzte die Patienten mit starrem Blick oder mittels einer Berührung in hysterisches Gelächter, dramatische Zuckungen oder ansteckende Übelkeit. Verlor ein Patient die Fassung, so wurde er von einem Assistenten in einen schallgedämpften Krisenraum geführt. In Mesmers Séancen wurden frei flottierender Spiritismus, Erotizismus und Gruppenpsychologie zu einem hoch infektiösen gesellschaftlichen Ereignis. Auf dem Höhepunkt seiner Karriere praktizierten allein im Großraum Paris etwa 6000 (unauthorisierte) Mesmeristen. War all das schon erstaunlich genug, so zeigte sich als bemerkenswertester Effekt doch der Umstand, dass die Mesmer'schen Kuren zu einem Politikum wurden. Die von ihm gegründete »Gesellschaft für Universelle Harmonie« wandelte sich zum Ort aufrührerischer Reden – was schließlich zur Verbannung Mesmers aus Frankreich führte (die Königin Marie-Antoinette aber nicht daran hinderte, Mesmer darum zu bitten, vor seinem erzwungenen Abschied zumindest zwei Assistenten in seine Lehre einzuarbeiten). Dass man die Blockaden eines kranken Körpers lösen und den freien Fluss der Mesmer'schen *fluida* befördern könnte, wurde zur Metapher auch der politischen Reinigung: dass eine kranke, verkünstelte und dekadente Gesellschaft nur geheilt werden könne, wenn sie von Mesmer'schen, revolutionären Zuckungen heimgesucht würde.

Während sich Mesmer seines Pariser Ruhms erfreute, gewahrte Luigi Galvani, ein italienischer Forscher, dass sich in seinem Labor merkwürdige Dinge ereigneten. Auf der Suche nach der geheimnisvollen Lebenskraft hatte er allerlei Tiere untersucht (Vögel, Fische, andere Kleintiere). Als er nun eines Tages einen Frosch sezieren wollte und ihn dazu auf einen Tisch legte, auf dem eine Elektrisiermaschine stand, bemerkte er, dass die Schenkel des toten Tieres bei der zufälligen Berührung durch das Seziermesser zu zucken begannen – während ein Assistent einen Funkenschlag aufblitzen sah. Bei einer systematischen Untersuchung ergab sich, dass nur leitende Materialien wie Metall den Nerv zu reizen vermochten – und dies auch nur dann, wenn sie ihrerseits elektrisiert worden waren. Demgegenüber hatte ein Glaszylinder (selbst wenn er eine elektrisierte Substanz enthielt) keinerlei Wirkung. Weil Galvani über Benjamin Franklins Beweis der Verbindung zwischen Gewitter und Elektrizität gelesen hatte, hängte er seine gehäuteten Froschschenkel während eines Gewitters an der metallenen Balustrade seines Balkons auf. Wann immer ein Froschschenkel das Metall berührte, verfielen die Schenkel in eine sonderbare Tanzbewegung. Als Systematiker unternahm Galvani nun eine ganze Serie von Experimenten (in Freiluft, unter Wasser, in Öl), bei denen die Frösche mit Messingklammern fixiert und der Nerv mit einem Kupferbügel berührt wurden. Diese Experimente führten ihn (freilich ohne dass er dies wusste) zur Erzeugung eines geschlossenen Stromkreises: Dabei spielten die Metalle die Rolle der stromleitenden Substanzen, das Salzwasser im Froschschenkel die Rolle eines Elektrolyten (der die Ladung in eine bestimmte Richtung bewegt) und der zuckende Muskel die Rolle eines Stromanzeigers. Galvani war davon überzeugt, mit seinen Versuchen die Existenz einer sogenannten »thierischen Elektrizität« bewiesen zu haben.

Inspiriert von seinen Erkenntnissen, begann eine Reihe von merkwürdigen Versuchen. Vor allem Galvanis Neffe Giovanni Aldini tat sich dabei hervor. Er vollzog seine Experimente in aller Öffentlichkeit, ganz in der Nähe des Richtplatzes, wo man ihm die Köpfe der Guillotinierten brachte. Aldini steckte Drähte in die Ohren des abgeschnittenen Kopfes – und ließ ihn unter Stromzufuhr heftigst grimassieren. In Anbetracht derartiger Unternehmungen wundert es nicht, dass die britische Schriftstellerin Mary Shelley, als sie am Genfer See weilte, den Traum des Dr. Frankenstein träumte, jenes neuen Prometheus, der ein aus Leichenteilen zusammengesetztes Monster mit einem Blitzschlag zum Leben erweckt.

Während die sensationshungrigen Zeitgenossen noch einem elektrischen Wunderglauben huldigten, machte sich ein anderer Forscher daran, die Leidener Flasche zu einem dauerhaften Energiespeicher umzugestalten. Im Jahr 1800 gelang Alessandro Volta mit seiner Voltasäule die Fertigung einer Batterie – womit erstmals die stete Zufuhr von Energie möglich war. Nachdem er Galvanis Experimente nachgestellt hatte, kam er zu dem Schluss, dass der Frosch in dieser Konstellation nicht die Quelle der wunderbaren Substanz, sondern nur ein Leiter sei – dass man also auf ihn verzichten könne. Also konzentrierte sich Volta auf die verschiedenen Metalle und Flüssigkeiten. In Ermangelung präziser Messinstrumente nutzte er vor allem die eigene Zunge, um die elektrisierende Wirkung der Metalle zu untersuchen. Berührte das Metall seine Zungenspitze, bildete sich eine sauer schmeckende Flüssigkeit. Kombinierte er zwei unterschiedliche Metalle (wie etwa Zink und Silber), kam es zu einer leichten elektrischen Entladung. Wenn die Metalle durch einen kleinen Draht miteinander verbunden waren, blieb dieser Effekt aus (der noch heute als Volta-Effekt bezeichnet wird).

Mit Leidensfähigkeit und einer feinen Zunge begabt, setzte Volta nun alles daran, die verschiedensten Metallkombinationen daraufhin zu überprüfen, welche die stärksten Entladungen hervorrief. Die Kombination von Zink und Silber erwies sich als besonders ergiebig. Volta ging nun daran, Zink- und Kupferplättchen übereinanderzustapeln – wobei jeweils eine in Salzwasser (später in Säure) getränkte Pappe dazwischengelegt wurde. Dies war eine Entsprechung zur Leidener Flasche, die, nach Nollet, zu einer Batterie zusammengeschaltet worden war. Im Unterschied freilich zur Leidener Flasche, die nur eine einmalige, heftige Stromentladung zuließ, erlaubte

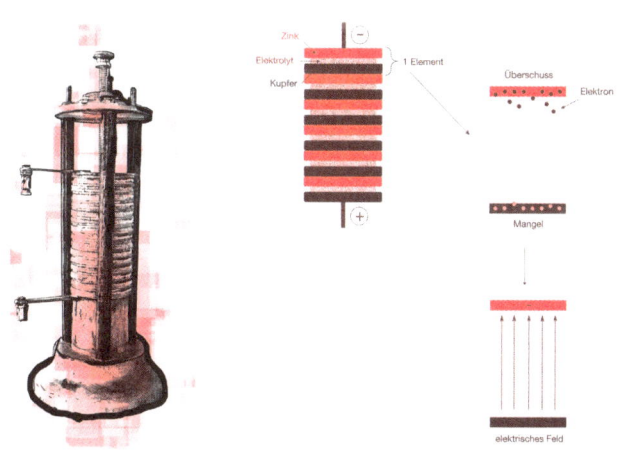

die Volta'sche Säule, dass die Elektrizität, anstatt sich blitzartig zu entladen, zu strömen begann.

Damit war der Glaubensstreit zwischen Galvanisten und Voltaisten entschieden. Denn nun war klar, dass nicht der Frosch die Quelle der Elektrizität war, sondern dass die elektrische Spannung aus dem Potenzialgefälle zwischen den verschiedenen Metallen herrührte. Damit beginnt die Geschichte der modernen Wissenschaft, der es, mit der Batterie ausgerüstet, gelingt, die verschiedenen Elemente systematisch zu zergliedern. So konnte Humphry Davy, der die Volta'sche Säule in Wasser legte, beobachten, dass es zu blubbern begann – woraus er schloss, dass das Wasser aus verschiedenen Grundelementen besteht, ja, dass alle vorfindlichen Stoffe aus verschiedenen Grundelementen zusammengesetzt sind. Folgten wir diesem Strang der Geschichte, würden wir eine Ahnengalerie entwerfen, die uns über Michael Faraday, James Clerk Maxwell bis hin zu Albert Einsteins Relativitätstheorie führen würde – und der Einsicht, dass, wo man früher verschiedenste unterschiedliche Stoffe als naturgegeben angenommen hatte, sich ein allgemeiner Energiebegriff durchsetzte.

Wie sich in der Naturbetrachtung alles zu Energie verwandelt, gibt es auf der anderen Seite eine Entwicklung hin zu einem alles vereinheitlichenden Code, zur Idee einer Universalschrift. Wie im Falle der schrittweisen Entdeckung der atomaren Welt kennt auch diese Geschichte allerlei Irrungen und Wirren. Da mit der Volta'schen Säule die Elektrizität zu einer zuverlässigen Energiequelle geworden war, begannen verschiedene Forscher ernsthaft darüber nachzudenken, ob man Grays »Lines of Communication« zu einem funktionsfähigen Kommunikationsmedium ausbauen könnte.

Tatsächlich hatte das Nachdenken über die Telegrafie schon früher begonnen, zu Zeiten der Französischen Revolution, als Claude Chappe einen optischen Telegrafen errichtete, mit dem sich binnen weniger Minuten eine Nachricht durchs ganze Land schicken ließ. Weil für eine solche Leitung, bei der eine Nachricht von Hügel zu Hügel geschickt wurde, eine ganze Kette von bemannten Bauten unterhal-

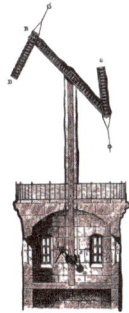

ten werden musste, war klar, dass ein elektrischer Telegraf demgegenüber weit überlegen wäre. 1809 wartete Thomas von Soemmerring mit einem Apparat auf, der, gespeist von einer Voltasäule, einen Buchstaben

einer gewissen Spannung zuordnete, die dann auf der Empfängerseite mithilfe eines ebensolchen Geräts wieder zum Buchstaben zurückverwandelt werden konnte.

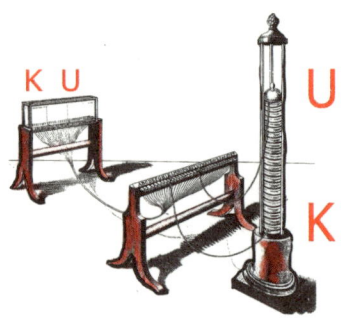

Allerdings war dieser Mechanismus recht aufwendig und erlaubte darüber hinaus nur die Sendung in eine Richtung, sodass der Vorschlag keine Anwendung fand. 1816 entwickelte der englische Erfinder Francis Ronalds einen lauffähigen elektrischen Telegrafen und stellte ihn der Admiralität vor, die ihn jedoch als vollkommen überflüssig abtat. Ihre Haltung änderte sich, als mit der Eisenbahn ein Vehikel in die Welt entlassen wurde, das durch keinen Reiter mehr einzuholen war – man also nach einem Medium suchte, mit dem sich ein abgefahrener Zug würde kontrollieren lassen. Es bestand die Gefahr, dass zwei Züge sich in unwegsamer Umgebung, zum Beispiel im Tunnel, begegneten. Also bedurfte es eines geeigneten Frühwarnsystems. Hier erwies sich die Telegrafie als äußerst hilfreich. Dazu nutzte man anfangs den Nadeltelegrafen von Charles Wheatstone und William Fothergill Cooke, der parallel zur Eisenbahnstrecke zwischen London und West Drayton errichtet wurde.

Zur überzeugendsten Lösung aber fand Samuel Morse – ein mittelmäßig erfolgreicher amerikanischer Porträt- und Kunstmaler, der bei einer Atlantiküberquerung auf der »SS Sully« mit einem Elektrizitätsforscher ins Gespräch kam, der die Passagiere mit selbst gebauten elektrischen Instrumenten unterhielt – und dabei die Idee äußerte, dass man die Elektrizität für die Telegrafie nutzen könne. Morse war von der Idee eines solchen Kommunikationsmediums begeistert und verwandelte kurzerhand seine Staffelei, seinen Leinwandspanner, diverse Blechabfälle und die kostbare Wanduhr aus seinem Atelier in einen Telegrafen, den er am 4. September 1837 erstmals vorführte.

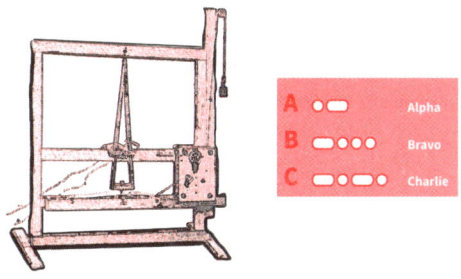

Dabei war die Sprache, der er sich bei seinem Prototypen bediente, noch ziemlich unvollkommen: ein Zahlencode, der Sender und Empfänger nötigte, ein dickes Wörterbuch zu konsultieren. Auf den Vorschlag seines Assistenten Alfred Vail hin gelangte Morse dann zu jener Logik, bei der die Buchstaben in eine binäre Ordnung aus langen und kurzen Impulsen übersetzt wurden.

Mit der Unterstützung des Chemieprofessors Leonard Gale und seines eigenen findigen Assistenten gelang es Morse, ein technisches Problem ersten Ranges zu meistern. Denn je weiter sich das elektrische Signal vom Sender entfernte, desto mehr ging es im Rauschen der Leitung unter. Um dem entgegenzuwirken, verstärkte man einerseits die Sendebatterie und schaltete darüber hinaus alle 16 Kilometer ein Relais dazwischen, einen elektromagnetisch wirkenden Schalter, der das ursprüngliche Signal verstärkte. Auf diese Weise konnte man den ganzen amerikanischen Kontinent überbrücken, ja, war schon 1858 ein erstes transatlantisches Telegrafenkabel verlegt. Damit stand der Telegrafie die ganze Welt offen, kam es zu dem, was Historiker als Globalisierung des 19. Jahrhunderts bezeichnet haben.

3

LOB DER FAULHEIT

Es heißt, dass die Notwendigkeit die Mutter der Erfindung ist. Im Falle des Herrn, der uns jetzt beschäftigen soll, war es ganz eindeutig die Faulheit, die, wie man weiß, das Gegenteil der industria ist, also des Fleißes. Kurioserweise war Joseph Marie Jacquard bei der Verfolgung seines Arbeitsvermeidungsplans überaus hartnäckig – er brauchte mehr als vierzig Jahre, um seine Idee in die Tat umzusetzen. Der Anfang war nicht gerade verheißungsvoll. 1752 als eines von neun Kindern in der Weberstadt Lyon geboren, wurde der kleine Joseph früh von seinen Eltern genötigt, im elterlichen Betrieb mitzuarbeiten. Ziemlich lustlos kam er dem nach. Als seine

Schwester einen gebildeten Mann heiratete, brachte dieser dem 13-jährigen Analphabeten das Lesen bei, und der kleine Joseph nutzte die Gelegenheit zur Flucht und erlernte das Handwerk des Buchbinders. Nach dem Tod seines Vaters erbte er einen Weinberg, einen Steinbruch und die Weberei – doch an seiner Abneigung der Arbeit gegenüber änderte sich nichts. Als sein Vermögen aufgebraucht war, heiratete er eine vermögende Frau. Aber weil sehr bald auch ihr Vermögen dahin war, sah sich Jacquard gezwungen, Haus, Webstühle, die Juwelen seiner Gattin, schließlich sein eigenes Bett zu verkaufen.

In deutlich fortgeschrittenem Alter kam Jacquard auf die Grundfrage seines Lebens zurück: Wie kann man mit möglichst wenig Aufwand eine maximale Wirkung erzeugen? Wie lässt sich die Arbeit am Webstuhl auf ein Minimum reduzieren? Um das herauszufinden, studierte er erst einmal gründlich, was sich seine Vorgänger so alles hatten einfallen lassen. Vor allem die Lösung des berühmten Automatenmachers Jacques de Vaucanson tat es ihm an. Hatte dieser rastlose Erfinder bereits eine automatische Ente mit Verdauungsapparat entworfen, war er ebenso auf den Gedanken einer hölzernen Lochkartensteuerung gekommen, die eine gewisse Automatisierung der Abläufe in einer Maschine ermöglichte.

Ein Loch? Das ist alles? Nein, wenn wir verstehen wollen, worin der Geniestreich Jacquards bestand, müssen wir weiter zurückgehen. Denn Programmier-werkzeuge gibt es schon sehr, sehr lange, in Gestalt von Räderwerkmechanismen, die Figurengruppen oder kleine Musikstücke steuern.

In der Spieluhr beispielsweise schlagen kleine Sporne, die auf einer Walze angebracht sind, Metallplättchen an. Auf diese Weise kann die Spieluhr ein ganz bestimmtes Musikstück abspielen. Was aber, wenn man ein anderes Musikstück hören möchte? Dann braucht man eine neue Spieluhr – was ungefähr so sinnvoll ist, als müsste man sich für jede neue Platte einen neuen Plattenspieler oder einen neuen iPod kaufen. Mit dieser Überlegung nähern wir uns Jacquards Grundidee. Zunächst war da der Gedanke, dass der Webstuhl wie eine solche Spieluhr von einem Mechanismus gesteuert werden könnte. Schlagen bei einer Spieluhr die Sporne auf der Walze kleine Metallplättchen an, müssen bei einem Webstuhl Fäden gehoben werden. Und daraus ergibt sich dann ein charakteristisches Muster.

Um beliebig viele Muster erzeugen zu können, hatte Jacquard nun die Idee, dass man, statt eine »fest verdrah-tete« Walze zu benutzen, einen Mechanismus entwi-ckeln konnte, der ein Papier daraufhin abtastete, ob an

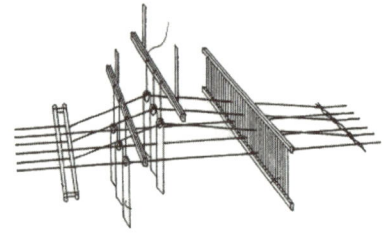

einer bestimmten Stelle ein Loch war oder nicht. Fand sich ein Loch, wurde der Faden gehoben, ansonsten nicht. Mit diesem Kunstgriff hatte er seinen Webstuhl sozusagen zum Plattenspieler verwandelt – denn nun konnte man beliebige Muster weben, auch solche, an die man zum Zeitpunkt der Maschinenkonstruktion noch gar nicht gedacht hatte. Der Kunstgriff bestand also darin, das Steuerungsprogramm vom Maschinenkörper zu lösen – oder wenn wir das bildlich nehmen: die Walze zu häuten und das materielle Zeichen durch ein Loch zu ersetzen.

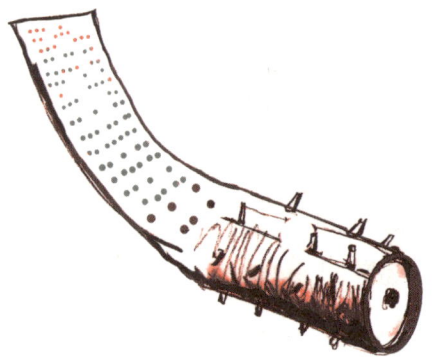

Von den ersten Versuchen bis hin zum Prototypen brauchte Jacquard vier Jahre. Als Napoleon, der die französische Industrie auf Vordermann bringen wollte, das Modell sah, war er begeistert. Er kaufte das Patent, schenkte es der Stadt Lyon und versah den Erfinder mit einer Pension. Womit sich endlich der Lebensplan einlöste, den schon das Kind Joseph avisiert hatte: sich zur Ruhe setzen zu können.

Dabei war der Erfolg des Jacquard'schen Arbeitsvermeidungsplans geradezu durchschlagend – denn der Webstuhl besaß etwa die 30-fache Effizienz eines menschlichen Webers und erlaubte zudem die Fertigung von komplexen Mustern – und dies bei sinkenden Preisen.

Weil damit das letzte Hindernis auf dem Weg zur Mechanisierung des Tuchgewerbes beseitigt war, fand sich der Berufsstand des Webers urplötzlich in der Bredouille, lief er doch Gefahr, von billigeren und verlässlicher arbeitenden Maschinen ersetzt zu werden. Schon kurz nach der Einführung der Jacquard'schen Technik rotteten sich die Weber zusammen, zerstörten und verbrannten die neuen Webstühle und griffen den Erfinder tätlich an. Die Erfahrung, die eigene, im Übrigen keineswegs einfache Arbeit durch eine Maschine entwertet zu sehen, war so durchschlagend, dass mit den »Ludditen« eine Arbeiterbewegung entstand, die darauf abzielte, die Früchte des Fortschritts zu zerschlagen.

Was unsere Computergeschichte anbelangt, hätte sich Jacquard selbst nicht träumen lassen, welche Folgen seine Arbeitsvermeidungsstrategie freisetzen würde – so wenig übrigens, wie er einen Zusammenhang seiner Erfindung mit der Leidener Flasche, Galvanis zuckenden Froschschenkeln und dem telegrafischen Fernschreiber gesehen hätte. Damit nähern wir uns, neben dem Maschinenstürmer-Impuls, einem weiteren Leitmotiv: der sonderbaren Tatsache nämlich, dass ein Gedanke, wenn er erst einmal in der Welt ist, eine erstaunliche Eigendynamik entwickelt. Sind wir diesem Flaschengeist bei der Entfesselung der Elektrizität schon begegnet, so führt der Jacquard'sche

Webstuhl zur Trennung von Materie und Schrift, analog und digital. Zwar folgt das Loch, als präzise markierte Abwesenheit, noch nicht der binären Logik, jedoch führt es vor, dass sich das Denken von der Stofflichkeit emanzipieren kann. Der Geist, wenn man so will, ist aus der Flasche und wird sich nicht wieder einfangen lassen. Nun könnte man einwenden, dass die Trennung von Schrift und Materie schon immer dagewesen ist, ja, dass sie den ersten Glaubenssatz unserer Kultur markiert. »Im Anfang war das Wort und das Wort war bei Gott, und Gott war das Wort.« Schwebte der Geist Gottes als weltfremde, extraterrestrische Schriftintelligenz über den Wassern, konnten sich seine Bewunderer nur in theoretischen Betrachtungsweisen ergehen. Mit diesen Spielen jedoch hat die Lochkarte nichts gemein. Sie bringt im Gegenteil eine Betrachtungsweise ins Spiel, die Karl Marx zur Maxime des Materialismus geführt hat: »Die Philosophen haben die Welt nur verschieden interpretiert; es kommt aber darauf an, sie zu verändern.« Und wie? Indem man dem Stoff seine Muster aufprägt, indem man die Welt neu programmiert. Insofern Jacquard das Prinzip der Lochkartensteuerung so weit fortentwickelte, dass damit beliebig viele verschiedene »Programme« ausgeführt werden konnten, antizipierte er das, was wir mit der Unterscheidung von Hardware und Software beschreiben – und was uns schnurstracks zum nächsten Kapitel führen wird, zum ersten Computer der Geschichte.

4

DAS MATHEMATISCHE KIND

Jede Geschichte, die halbwegs aufregend ist, dreht sich auf die eine oder andere Art um die Liebe – nur dass man sich für durchaus unterschiedliche Dinge begeistern kann: die Eleganz einer mathematischen Formel, die Regelmäßigkeit eines physikalischen Gesetzes oder den lieben Gott. Lässt sich ein Schuhfetischist beispielsweise von Stiletto-Heels betören, mag das für einen leidenschaftlichen Schachspieler völlig unverständlich sein. Noch viel schwieriger ist es, die Gruppenorgasmen der Mesmeristen, ein aus Leichenteilen zusammengenähtes Monster oder tanzende Engel mit der Frage der Digitalisierung in Verbindung zu bringen. Gewiss, ein Techniker mag uns einreden, dass in der Computerwelt nichts herrsche als die blanke Vernunft, aber schon die zurückliegenden Seiten sollten uns klargemacht haben, dass auf der dunklen, weltabgewandten Seite vor allem die Ungeheuer der Vernunft lauern. Und weil diese Ausschläge ins Irrationale auch im Folgenden nicht aufhören werden, will ich einen kleinen Umweg unternehmen und die Frage beantworten, warum der Computer, neben seiner fraglos nützlichen Seite, immer auch als fetischistische Apparatur in Erscheinung tritt.

Des Rätsels Antwort liegt im Begriff der »Maschine« verborgen, der, wenn wir ihn ins Altgriechische zurückübersetzen, als »List« oder »Betrug an der Natur« zu verstehen ist. Tatsächlich ist die erste Maschine, mit der die alten Griechen aufwarten konnten, der *deus ex machina*, jener olympische Gott, der mithilfe eines Krans auf die Bühne herabgeseilt wird. Und weil die Zuschauerschar von diesem Wunder in Bann gezogen wird, stört es nicht weiter, dass man es lediglich mit einem Theatergott zu tun hat.

Eines der erstaunlichsten Betrugsmanöver, welche das Abendland an der Natur vollbracht hat, ist die Gestalt der Muttergottes, also der Maria, die es auf unbefleckte Weise fertiggebracht hat, einen Gottessohn zu gebären. Man mag das Dogma der unbefleckten Empfängnis, das der Welt eine Frau ohne Unterleib präsentiert, als Kuriosum belächeln, dennoch hat die Muttergottes-Menschenmaschine ein maschinelles Himmelfahrtsprojekt auf den Weg gebracht, das radikaler ist als alles, was die Welt bis dato zu Gesicht bekommen hatte. Denn überall dort, wo die Menschen der Lieben Frau, Notre Dame, zu huldigen begannen, entstanden Kathedralen – und aus den Kathedralen wiederum gingen Kathedralenschulen, schließlich Universitäten hervor. Nehmen wir nur das Wort, mit dem wir den universitären Wissensvermittlungsvorgang bezeichnen, tritt der Nachklang des Dogmas an unser Ohr: das »Seminar« (von lateinisch *semen*, »Samen«) wiederholt den Vorgang der Ohrenbefruchtung, die Vorstellung, dass eine überirdische Weisheit sich durchs Ohr in den Kopf des Adepten ergießt. Dies im Ohr, versteht man, warum Europa sich für den Buchdruck erwärmte und warum die Menschen des Mittelalters, von einer allgemeinen Maschinenbegeisterung infiziert, den lieben Gott zum Uhrmachergott umgeschult haben. Kurioserweise mag das Frohlocken über den Sieg einer übernatürlichen Reproduktionsweise selbst den Tod der Religion zu überdauern. So ist beispielsweise der Philosoph Descartes nach der Begegnung mit der »Himmelsmaschine« felsenfest davon überzeugt, dass auch die Tiere nichts weiter seien als natürliche Automaten. Weil die Maschine, wie die Liebe, also eine Himmelsmacht ist und im Gegensatz zu allem Irdischen Ewigkeit verheißt, werden Liebesgeschichten denkbar, die die klassische Konfiguration (»boy meets girl«) weit hinter sich lassen.

Wie also beginnt die Geschichte, von der wir nun hören werden? Vielleicht lassen wir sie im Jahr 1812 beginnen, als der 21-jährige Charles Babbage in der Bibliothek des Trinity Colleges sitzt und vor sich hinträumt. Von einem Freund gefragt, wovon er denn träume, antwortet

er – mit einem kurzen Blick auf die Logarithmentafel vor sich –, er träume davon, dass alle Logarithmen von einer Maschine berechnet werden könnten. Tatsächlich lässt uns die Lebensgeschichte des Mathematikers daran zweifeln, ob er je aus diesem Traum aufgewacht ist. Denn sein ganzes arbeitsames Leben wird darum kreisen, eine solche, immer monströser anmutende Maschine auszuarbeiten.

Während Babbage in seinen Wachträumen mit der Idee einer solchen Rechenmaschine schwanger geht, ist eine junge Dame in London damit beschäftigt, Zukunftspläne zu schmieden. Bei diesen Plänen geht es im

Wesentlichen um die Wahl des richtigen Ehemanns – und aus irgendeinem Grund ist ihr begehrlicher Blick auf einen jungen Mann gefallen, der die Gesellschaft gerade mit einem großen Gedicht erobert hat: »Childe Harold's Pilgrimage«.

Weil George Byron ihr der interessanteste Mann scheint, den sie je kennengelernt hat, glaubt sie, mit ihm jenes »mathematische Kind« zeugen zu können, das sie sich, als »Prinzessin der Parallelogramme«, schon immer erträumt hat. Nach einem überaus komplizierten, fintenreichen Eroberungsfeldzug (der nur deswegen erfolgreich ist, weil der verarmte, von Gläubigern heimgesuchte Dichter eine Mitgift und eine vermögende Gattin zu schätzen weiß) muss sie herausfinden, dass sie sich in ihrem Geliebten vollends getäuscht hat: Denn statt einer reinen und überlegenen Vernunft begegnet sie einem von Ängsten und Albträumen geplagten Nervenbündel, das nur mit einem Revolver unter dem Kopfkissen schlafen kann. Jedoch kommt die Einsicht zu spät: Unterdessen nämlich ist die junge Dame, zur Lady Byron geworden, bereits schwanger. Also kommt im Dezember des Jahres 1815 die kleine Ada zur Welt, just zu der Zeit, da ihre Mama überzeugt ist, dass ihr Mann entweder wahnsinnig sei oder an einem Wasserkopf leide. Um sich von ihrem Gatten zu trennen, bricht sie einen Skandal vom Zaum – denn urplötzlich behauptet sie, dass Byron mit seiner Schwester ein inzestuöses Verhältnis unterhalte. Der Skandal ist riesig. Byron ist genötigt, seine Bibliothek zu verkaufen und das Land zu verlassen.

Während Lady Byron sich anschickt, ihr Töchterchen (das nie etwas von seinem Vater erfahren soll) zu einem »mathematischen Kind« heranreifen zu lassen, ist Charles Babbage auf seine Weise mit dem obskuren Objekt seines

Begehrens beschäftigt. Obwohl ein großartiger Mathematiker, hat er einer bescheidenen Abschlussnote wegen
keine Aussicht auf eine Professur. Gottlob hat er vermögend geheiratet, ist also frei, seinem Traum nachzugehen:
der Konstruktion seiner Rechenmaschine. Zu einer Zeit,
da noch nicht einmal eine genormte Schraube existiert,
ist das ein Sisyphos-Unterfangen, das Babbage in einen
lebenslangen Kleinkrieg mit diversen Werkzeugmachern
stürzt – was die Sache nicht gerade erleichtert. Immerhin
gelingt es ihm, im Jahr 1822 einen ersten Prototypen seiner Maschine fertigzustellen. Die Regierungsvertreter,
denen er sie präsentiert, sind so beeindruckt, dass sie ihm
eine größere Geldsumme zur Verfügung stellen.

Während Babbage sich an den Bau seiner großen
Maschine macht, wächst die kleine Ada heran. Das Kind
ist kränklich. Lange Zeit kann es seine Beine nicht bewegen, es leidet an Aphonie, Anorexie, Asthma, in der
Adoleszenz kommen Nervenzusammenbrüche hinzu.
Deshalb konsultiert die Mama eine ganze Armada von
Spezialisten. Vor allem aber ist sie, die noch immer von
einem mathematischen Kind, einer sozu-
sagen menschlichen Rechenmaschine,
träumt, um die Verstandeskräfte der
Tochter bemüht. Weil sie sich auf
die Phrenologie eingeschossen hat –
eine »Wissenschaft«, die über Kopf-
wölbungen Charaktereigenschaften
ablesen zu können glaubt –, wird auch

48

die kleine Ada genauestens vermessen. Und, wie sollte es anders sein, als genialisch erklärt.

Wie Ada hat auch Babbages Projekt mit allerlei Kinderkrankheiten zu kämpfen. War die Konstruktion der Maschine ursprünglich auf drei Jahre angesetzt, zieht sich der Bau in die Länge. Da das Projekt gleich mehrere Regierungen überlebt, wird es seiner Kosten wegen angefeindet, mehrfach begutachtet – und am Ende, nach 19 Jahren Bauzeit, eingestellt. Das jedoch ficht Babbage nicht an. In seinem Kopf hat sich die Maschine längst zu einem neuen Projekt verwandelt, zur großen »Analytischen Maschine«, die viel komplexer und aufregender scheint als die ursprüngliche Rechenmaschine. Oder, um es mit den Worten der jungen Ada zu sagen, die Babbage 17-jährig kennenlernt und sogleich zur glühenden Anhängerin seiner Kopfgeburt wird: »Die Analytische Maschine webt algebraische Muster, wie der Jacquard'sche Webstuhl Blumen und Blätter webt«. Wie unschwer zu erkennen, steht die Jacquard'sche Trennung von Maschinenkörper und Steuerung Pate für das neue Konzept. Denn wie der Jacquard'sche Webstuhl erhält die Maschine ihre Instruktionen in Gestalt von Lochkarten. Diese werden von einer sogenannten »Mühle«, also einer Prozessoreinheit, ausgelesen, und die Programme werden in die Tat umgesetzt. Das Ergebnis wiederum wird in Form einer Lochkarte oder als Grafik ausgedruckt. Als Fehleranzeige oder als Signal dafür, dass ein Prozess beendet ist, gibt eine Glocke einen Klang von sich.

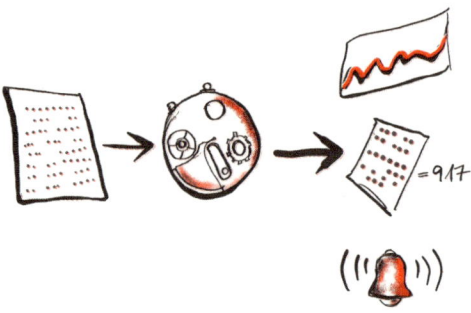

Was die Maschine mit dem heutigen Computer gemein hat, ist der Umstand, dass sie nicht den immer gleichen Vorgang exekutiert, sondern, je nach Situation, die unterschiedlichsten Programme ausführen kann. Gab es früher nur eine, absolut eine Lösung, verhält sich die Maschine nun – je nachdem. Der Absolutismus des Räderwerks wird durch die Relativitätstheorie eines Computers ersetzt.

Babbage selbst macht dies an einem sehr exquisiten Gedankenexperiment deutlich, und zwar indem er den mittelalterlichen Uhrmachergott in die Grundzüge der Programmierung einweist. Würde der göttliche Lehrling beispielsweise ein simples Additionsprogramm ausführen, könnte man ihm die Anweisung geben, ab einer Größe von 1000 nur in Drittel-Schritten voranzuschreiten. Damit dies möglich ist, bedarf es einer Programmiersprache, die die Maschine (also den lieben Gott) anweist, an einem bestimmten Punkt ein anderes Programm hervorzufischen. In dieser Fähigkeit zum Programmwechsel besteht die neue Gottespotenz: God is a DJ.

Nun ist es eine Sache, sich einen Gottesbeweis auszudenken, eine andere, einen solchen Programmwechsel praktisch zu implementieren. Eine Vorbedingung dafür besteht darin, dass die Programme, die auf Lochkarten verzeichnet sind, eindeutige Kennziffern (IDs) zugeordnet bekommen. Ist in einem Programm die Bedingung für einen Programmwechsel erfüllt (in unserem Beispiel: ist die Summe der bisherigen Rechenoperationen gleich Tausend), wird das neue Programm herausgefischt und an die Stelle des bisherigen Programms gesetzt. Dazu verfügt die Maschine über eine Trommel, in der alle Lochkartenprogramme aufbewahrt sind; des Weiteren gibt es einen Speicher, in dem sich die Maschine bestimmte Hilfsvariablen, Zwischenergebnisse oder dergleichen »merken« kann. Wie man sieht, kommt Babbages Maschine dem Computer schon erstaunlich nahe – scheint es ein Wunder, dass sich ein einziger Geist ein solch komplexes Konstrukt hat ausdenken können.

Was die Analytische Maschine letztlich zu einer großen Unvollendeten machen soll, ist das Problem des Zehnerübertrags, das uns aus dem Schulunterricht vertraut ist. Sieht das auf dem Papier vergleichsweise harmlos aus, bedeutet dieser Übertrag eine mechanische Problematik ersten Ranges, denn hier müssen bei den Rechenoperationen Sonderfälle, also weitere Zahnräder, vorgesehen werden. Kurzum: Die Maschine wächst sich im Kopf ihres Erfinders zu einem unkontrollierbaren Monster aus 55 000 Einzelteilen aus.

Der jungen Ada, die bei einer Abendgesellschaft die Maschine vorgeführt bekommt, sind all diese mechanischen Zusammenhänge gänzlich fremd. Jedoch begreift sie, dass sie, wenn sie sich mit aller Kraft der Mathematik widmet, der Herrschaft ihrer Mutter entkommen kann. Mit dem Schlachtruf »Hier bin ich! Bereit, unterwiesen zu werden!« wird zunächst einmal ein Privatlehrer engagiert, ein gewisser Dr. King, der ihr die Finessen der Differentialrechnung beibringen soll. Der Lehrer ist geduldig, die Schülerin gelehrig – und wie das Leben so spielt, werden die beiden ein Paar. Das fügt sich gut, auch weil Dr. King, der spätere Lord Lovelace, von Adel und vermögend ist, wie die junge Dame selbst. Also heiratet man und setzt nacheinander drei Kinderlein in die Welt. Da Ada nun selbst

Mutter ist, gibt es keinen Grund mehr, ihr die Wahrheit vorzuenthalten. Und so erfährt sie, sechsundzwanzigjährig, endlich, wer ihr Vater ist: Lord Byron, das verfemte Genie. Diese Entdeckung setzt in ihr einen höchstpersönlichen Genieverdacht frei – und so nimmt sie sich ein Herz und schreibt Charles Babbage, der ein Freund der Familie ist, einen Brief, in dem sie sich ihm, nebst einer Einladung zum Schlittschuhlaufen, als Assistentin anbietet: »Mir kommt der Gedanke, dass irgendwann (vielleicht sogar schon binnen 2 oder 3 Jahren, vielleicht aber auch erst nach vielen Jahren) Sie meinen Kopf Ihren Plänen dienstbar gemacht haben könnten.«

Wenn wir eine Liebesgeschichte angekündigt haben, beginnt sie hier – allerdings in einem merkwürdigen Dreiecksverhältnis. Denn wer hier eigentlich wen liebt und warum, bleibt unverständlich, solange wir nicht das Ideal der Maschine, der Mathematik und der künstlichen Intelligenz hinzudenken. Bei Babbage ist der Sachverhalt vielleicht noch am überschaubarsten. In einer widrigen, ignoranten Welt möchte er seine Maschine gebären – und wenn sich ihm ein solch gläubiges und entgegenkommendes Wesen präsentiert, warum nicht? Also bittet er seine Bewunderin, die Übersetzung eines französischen Textes anzufertigen, den ein italienischer Mathematiker zu seiner Analytischen Maschine verfasst hat. Ada Lovelace kommt dem nach – und fügt eine Reihe persönlicher Anmerkungen hinzu. Die Anmerkungen sind doppelt so lang wie der ursprüngliche Text, denn Ada hat, unversehens, ihre Bestimmung gefunden: Als »Braut der Wissenschaft« und selbst ernannte »Hohepriesterin« der Maschine hält sie sich nicht mit ingenieurmäßigen Basteleien auf, sondern kommt zum Kern der Sache – zur Frage, wie denn eigentlich die Programme entstehen sollen, welche die wunderbare Maschine ausführen wird. In wessen Kopf sollen sie entstehen, wenn nicht in ihrem? Dass ihre mathematischen Fähigkeiten noch etwas holprig sind, ist dabei kein Hinderungsgrund, schließlich verfügt sie ja über ihr »Genie«, das sie gelegentlich auch ihre »poetische Wissenschaft« nennt. In dieser Sichtweise ist die Apparatur, an der Babbage arbeitet, nichts weiter als die Verkörperung eines ihr naturwüchsig innewohnenden Codes. Von hier ist es nur ein kurzer Schritt zu jener größenwahnsinnig anmutenden Vorstellung, dass man einen »Calculus des Nervensystems« erstellen könne, ja dass der Funktionsmodus des eigenen Gehirns die Weltformel enthalten müsse.

Mögen die Visionen der Ada Lovelace mit ihren eher bescheidenen Beiträgen nicht zusammengehen, so wäre doch die Frage zu stellen, inwiefern sich diese größenwahnsinnig anmutenden Visionen von den Verheißungen der künstlichen Intelligenz unterscheiden? Eigentlich, so wird jeder nüchterne Kenner der Materie einräumen, ist der Unterschied marginal. In diesem Sinn ist der späte Ruhm, der aus Ada Lovelace die erste Programmiererin der Geschichte gemacht und dazu geführt hat, dass man die Programmiersprache ADA nach ihr benannte, durchaus gerechtfertigt. Allerdings ist der Grund für ihre Bedeutung ein anderer. Denn wenn Ada Lovelace in der Geschichte des Computers eine Rolle spielt, so nicht ihrer praktischen Leistungen wegen, sondern weil sie wie kaum ein anderer die phantasmatische, göttliche Ladung der Maschine artikuliert hat. Und während sich Babbage bei der Arbeit an einer universalen Maschine mit arbeitsunwilligen Werkzeugmachern und den Niederungen der Realität herumschlagen muss, kann sich Ada Lovelace, die »Braut der Wissenschaft«, in eine mystische Vereinigung mit der Maschine hineinträumen. Und genau hier nimmt sie jenen Topos auf, den wir mit dem Rückbezug auf die Mariengeschichte eingeführt haben. Die Maschine, eben weil sie, zu Text aufgelöst, keines Körpers mehr bedarf, wird zum Ideal des mathematischen Kinds: dass man von der Mama und dem eigenen Körper erlöst werden kann. Reiner Gedanke, reines Genie.

5

ALLES UND NICHTS

Von Nietzsche stammt die Warnung, dass derjenige, der mit Ungeheuern kämpft, aufpassen muss, nicht selbst zum Ungeheuer zu werden. Zweifelsohne scheint die moderne Logik ein solches Ungeheuer zu sein, hat sie doch fast jeden, der sich ihr hingegeben hat, mit einer heftigen Klatsche geschlagen. Gottlob Frege verfiel in Depression und einen geifernden Antisemitismus, Georg Cantor starb verwirrt in einem Sanatorium, Kurt Gödel hörte seinen Kühlschrank brummen, sah Geister und glaubte vergiftet zu werden. Und weil seine Frau wegen eines Bandscheibenvorfalls im Krankenhaus lag, blieb es unbemerkt, dass er verhungerte. Ist es ein Kompliment, wenn man einem Logiker bescheinigt, nicht wahnsinnig zu sein?

Fest steht, dass der Begründer der symbolischen Logik,

George Boole, nicht wahnsinnig wurde – vielleicht deswegen, weil er das Labyrinth, in dem sich alle anderen verirrten, selbst erschuf: Boole entwickelte das Binärsystem aus 0 und 1, das die Basis jeder modernen Programmiersprache darstellt. Dieses System bot die Lösung für das Problem des Zehnerübertrags, an dem Charles Babbage beim Bau seiner Analytischen Maschine verzweifelte. Allerdings wurde das erst sehr viel später offenbar. Sowohl Claude Shannon, der als Urheber des modernen Informationsbegriffs gilt, als auch Konrad Zuse, der 1941 den ersten funktionsfähigen Digitalrechner baute, bedienten sich der Boole'schen Logik – nicht zuletzt deswegen, weil Addition, Subtraktion und Multiplikation sich sehr viel einfacher gestalteten als mit der herkömmlichen Dezimalrechnung.

Dabei kann man die Frage stellen, ob George Boole überhaupt ein Mathematiker war. 1815 als Sohn eines Schusters im englischen Lincoln geboren, fiel er schon früh als Wunderkind auf, vor allem da er sich Latein und Griechisch selbst beibrachte. Die Übersetzung, die der Zwölfjährige von einer Horaz-Ode anfertigte, war jedenfalls so tadellos, dass sein stolzer Vater sie publizieren ließ und ein örtlicher Schulmeister Zweifel anmeldete, ob ein Kind überhaupt zu einer solchen Gefühlstiefe fähig sei. Der Knabe ließ sich durch derlei Beckmessereien nicht beirren, sondern brachte sich in der Folge nacheinander Deutsch, Italienisch und Französisch bei. Als das Geschäft seines Vaters zusammenbrach, avancierte Boole mit kaum 16 Jahren zum Ernährer der mehrköpfigen Familie, zunächst als Hilfslehrer, dann als Lehrkraft am Mechanics Institute in seiner Heimatstadt. Obschon er zunächst mit einer Priesterkarriere geliebäugelt hatte, gewann die pädagogische Berufung die Oberhand – und so eröffnete er vier Jahre später, gerade zwanzig Jahre alt, eine eigene Schule.

Dass sich Boole, nachdem er die klassischen und modernen Sprachen studiert hatte, nun der Mathematik zuwandte, hatte mit einer Offenbarung zu tun, die er als 17-Jähriger erlebt hatte. Dabei waren die Umstände sehr viel weniger spektakulär als der Versuch mit einem blutigen Kreis, mit dem Charles Babbage den Teufel aus seinem dunklen Reich hervorlocken wollte (vergeblich, was aus Babbage einen fröhlichen Agnostiker machte). Bei Boole gab es weder Versuchung noch Drama, bloß diese Wiese, über die er schon unzählige Male hinweggeschritten war. Nur dass er sich an diesem Tag fragte, wie es kommt, dass Menschen ganz unterschiedliche Dinge, Äpfel und Birnen zum Beispiel, mit denselben Symbolen bezeichnen, in diesem Fall mit der Zahl 3.

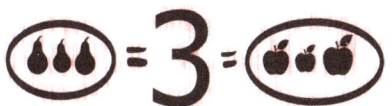

Gibt es eine dem menschlichen Hirn eingebaute Grundkraft, die jeder Wahrnehmung, jedem Denkakt vorausgeht und die es erlaubt, mit Äpfeln und Birnen gleichermaßen zu rechnen? Diese Frage war nicht gänzlich neu. Schon vor Boole waren Generationen von Mathematikern überzeugt, dass Zahlen etwas Uranfängliches seien, eine Art Grundausstattung, die unserem Verstand innewohne wie das Bewusstsein für das Schöne, Wahre und Gute. Nun mag die Behauptung, dass jeder Mensch ein geborener Mathematiker ist, vielleicht einen Mathematiker vom Hocker reißen, die Begeisterung der Allgemeinheit jedoch wird sich in Grenzen halten. Ganz abgesehen einmal davon, dass eine solche Behauptung schwer verdauliche Probleme mit sich bringt. Denn wenn die Zahl 3 dem Menschen von vornerein eingebaut ist, warum dann nicht auch die Zahl 4001 oder 41 627? Oder eine negative Zahl? Oder eine irrationale und transzendente Zahl wie Pi?

Booles Kunstgriff bestand nun darin, dass er sich auf derlei Sophistereien gar nicht erst einließ, sondern einen neuen und voraussetzungslosen Blick auf die Welt warf. Er fragte sich, ob es möglich sei, dass diese gedankliche Grundkraft noch niemals zuvor erkannt worden war, ja, dass sie etwas Unbewusstes darstellte. Dabei war, was er »unbewusst« nannte, etwas sehr Einfaches, eine

Wahrnehmung, die jedes kleine Kind macht, wenn es feststellt, dass es ein Spielzeug entdecken und wieder verbergen kann: Da! Weg!

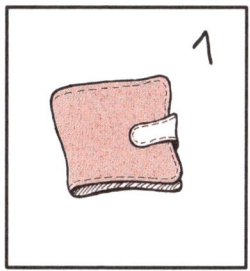 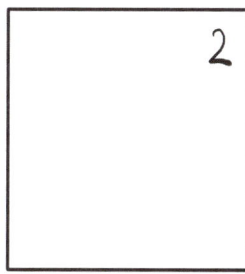

Aus dieser Erfahrung von Anwesenheit/Abwesenheit, das war seine Einsicht, mussten sich die Gesetze des Denkens ableiten. Freilich hatte diese Einsicht Konsequenzen, die weit über die Erkenntnis der unbewussten Denkkraft hinausgingen. Denn dem Wunsch gemäß, mit Äpfeln und Birnen rechnen zu können, schaffte er die alte Welt der Zahlen kurzerhand ab. Sein Gedanke dabei ging folgendermaßen: Wenn wir alles, was es auf der Welt gibt, in einen Topf werfen könnten, könnten wir dem eine Bezeichnung geben: wir könnten vom Allvereinenden, vom Welt-All oder vom Universum sprechen. Was aber bleibt übrig, wenn wir alles in einen Topf geworfen haben? Richtig: das Nichts. Und damit haben wir die beiden Pole der unbewussten Denkkraft vor uns: Anwesenheit und Abwesenheit, Alles und Nichts.

ALLES + NICHTS

An dieser Stelle führt Boole nun die Zahlen wieder ein, nur dass sie jetzt nicht mehr als Recheneinheiten wirken, sondern eine neue, sozusagen philosophische Bedeutung angenommen haben. Denn die Eins soll fortan das Universum bezeichnen, die Null das Nichts. Jetzt könnte man sich fragen: Was ist denn damit gewonnen? Nehmen wir das Portemonnaie, das ich vorhin auf den Tisch gelegt habe – und das nun weg ist. Könnte ich das Boole'sche System nutzen, um es wieder ausfindig zu machen? Lassen wir es auf einen Versuch ankommen. Wenn ich an nichts anderes mehr denken kann als an mein Portemonnaie, so habe ich es, in Gedanken zumindest, eindeutig beschrieben:

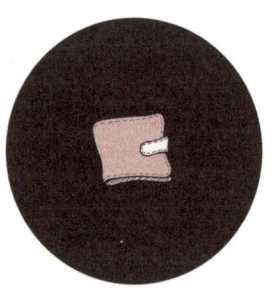

Und natürlich können wir (über das Ausschlussverfahren) auch das Gegenteil denken: also das Universum abzüglich meines Portemonnaies.

Mit beiden Verfahren ist mein gesuchtes Portemonnaie, das wir einfachheitshalber x nennen wollen, hinlänglich beschrieben. Mithin lassen sich beide Betrachtungsweisen in eine Gleichung überführen:

1 – nicht-x (also das Universum abzüglich dessen, was nicht mein Portemonnaie ist) entspricht genau 0 + x (das Nichts plus Portemonnaie).

Damit hat Boole erreicht, was in der klassischen Mathematik unmöglich war: Fortan nämlich lässt sich mit allem Erdenklichen rechnen. In gewisser Hinsicht ist diese Betrachtungsweise sehr viel präziser als der althergebrachte Zählvorgang: Denn wenn ich an mein Portemonnaie denke, gehe ich nicht von einem rotbraunen Rindleder-Portemonnaie aus, das 12,5 cm breit, 9 cm

hoch und 2 cm tief ist und genau 67,58 € enthält. Sicher
ist nur, dass es mir vertraut ist und im Augenblick fehlt.
In diesem Sinn vollzieht sich der Vorgang der Identifikation nicht über die Zahl, sondern über die Wahrnehmung – also meine Entdeckung, dass das, was an seinem
Platz sein sollte, nicht mehr dort ist. Insofern hat die
Boole'sche Logik mehr mit einer allgemeinen Suchope-
ration als mit einem Zählvorgang zu tun.

Mag die Gedankenführung so weit nachvollziehbar sein,
sind die Konsequenzen der Boole'schen Einsicht ebenso
fremdartig wie die Entdeckung des elektrischen Fluidums.
Denn nun kann man jedes Objekt und jedes Verhältnis in
die Logik von Null und Eins überführen: mein Portemonnaie (da oder fort), den Zustand meiner Wohnungstür
(offen oder geschlossen), die Anzahl der gepflückten Äpfel
und Birnen im Korb. Geben die Zahlen nur einen Teilas-
pekt der Welt wieder (das Quantum), lassen sich nun auch
alle erdenklichen Qualitäten beschreiben: die Stimme, die
auf einladende Weise eine Begrüßungsformel ausspricht,
die Positionsdaten eines Wals oder eine Handbewegung
(die sogleich vom Roboter nachgeahmt wird). Insofern
löst sich die Boole'sche Logik nicht bloß von der Mathematik, sondern öffnet die Tür zu einer neuartigen Universalschrift. Was aber ist die kleinste Einheit dieses
Schriftsystems? In der Logik von Anwesenheit/Abwesen-
heit ist die Einheit keine Zahl mehr, sondern das kleinste
Bedeutungsatom, das wir uns vorstellen können: ein Bit.

□

Ein solches Bit, wie man weiß, ist geladen oder nicht geladen – womit wir den Boole'schen Grundzustand vor uns haben: Anwesenheit/Abwesenheit. Wie aber verwandelt sich ein solches Bit zu einer Zahl? Einfach dadurch, dass ich das Bit als Zahl interpretiere. Nun ist diese Deutung keinesfalls zwingend, könnte ich das Bit auch als Farbpixel (■) interpretieren – oder als Buchstaben, mit dem der nächste Absatz beginnt. Eins ist klar: In der Boole'schen Algebra ist nichts mehr das, was es ist, sondern nur noch eine Erscheinungsform seiner selbst. Wie aber lässt sich ein Ding in eine Serie von Bits überführen? Beginnen wir bei den Zahlen, die Boole in seiner Fokussierung auf Anwesenheit/Abwesenheit, Alles und Nichts, aus seiner Betrachtungsweise ausnimmt. Was also passiert, wenn ich ein Bit als Zahl interpretiere? Zunächst muss ich zur Kenntnis nehmen, dass ich nicht einmal bis zwei zählen kann (denn das nicht-geladene Bit wird als Nichts, also als 0 interpretiert, das geladene als 1).

$$\square = 0$$
$$\blacksquare = 1$$

Wollten wir bis 3 zählen, bräuchten wir 2 Bits:

$$\blacksquare\,\square = 2$$
$$\blacksquare\,\blacksquare = 3$$

Mit dem dritten Bit kämen wir immerhin schon bis zur 7.

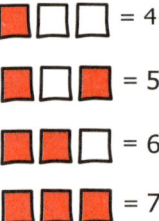

Wie bei dem Schachbretträtsel, bei dem sich der König pro Feld eine Verdopplung der Reiskornzahl vorbehält, verdoppelt sich der Zahlenraum mit jedem zusätzlichen Bit. Haben 3 Bits 8 Zahlen notieren können (von 0-7), lassen sich mit 4 Bit 16 Zahlen notieren, mit 5 Bit 32 Zahlen – und bei 64 Bit sind wir schon bei der unvorstellbar großen Zahl von 18 Trillionen 446 Billiarden 744 Billionen und ein paar Zerquetschten angekommen. Dass eine solche Bitfolge als Zahl interpretiert wird, ist jedoch nur eine Deutung. Ebenso gut könnte man eine »Zahl« auch als akustische Spannung oder als Buchstaben lesen (wie hier, im Falle des ASCI-Codes).

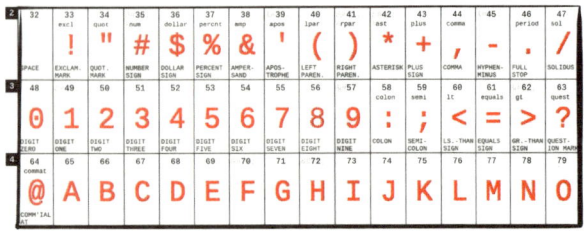

Wenn wir auf die Verwandtschaft zur Elektrizität hingewiesen haben, so deswegen, weil man die Boole'sche Algebra als eine Universalsprache auffassen könnte, die alles, was sich elektrifizieren lässt, in eine Serie von Nullen und Einsen überführt. In diesem Sinn muss Boole das Erlebnis auf der Wiese getroffen haben wie ein Blitz aus heiterem Himmel. Nun ist fraglich, ob sich George Boole darüber im Klaren war, dass sein Denken eines Tages die Gestalt von elektronischen Rechnern annehmen würde. Als Charles Babbage ihm im Jahr 1862 seine Rechenmaschine vorführte, zeigte er sich weder mit dem Jacquard'schen Webstuhl noch mit den Gesetzmäßigkeiten der Elektrizität vertraut. Das tut jedoch der Bedeutung seines Denkens keinen Abbruch. Denn auch wenn Boole keine praktische Anwendung im Hinterkopf hatte, so stellt die Boole'sche Algebra eine Revolution dar, nicht nur der Mathematik, sondern auch der Logik und der Philosophie im Allgemeinen. Nicht nur, dass sie die Welt der Zahlen in die Welt der Information überführt, darüber hinaus erlaubt sie sämtliche Operationen, die auch in der Mathematik üblich sind: Man kann addieren und multiplizieren, man kann komplexe algebraische Formeln nutzen, zu guter Letzt kann man auch logische Aussagen bewerten – wobei Anwesenheit und Abwesenheit dann als wahr und falsch interpretiert werden.

Gewissermaßen verwandelt sich die Logik zu einer Maschine, bei der Schlussfolgerungen nicht mehr Ermessenssache des Einzelnen sind, sondern einer sozusagen objektiven Logik folgen. In diesem Sinne entwirft der Ökonom William Stanley Jevons mit dem »logischen Piano« eine Apparatur, die logische Schlussfolgerungen auf Tastendruck ausführt.

Tatsächlich liegt die Suche nach der Grundkraft des Denkens zu jener Zeit in der Luft. Während sich George Boole an seine Algebra setzt, verfasst Alfred Smee, ein englischer Chirurg, der sich dem Studium der Nerven und des menschlichen Gehirns verschrieben hatte, ein Buchkapitel, in dem er die Gesetze des Denkens als biologische Algebra auffasst.

Trotz alledem hat die Boole'sche Logik ein merkwürdiges Schattendasein geführt. Denn außer ein paar Mathematikern nahm kaum jemand von ihr Notiz. Mag sein, dass es an Booles ausgeprägter Bescheidenheit lag oder daran, dass sich sein Lehrstuhl im Süden Irlands befand – auf jeden Fall ist George Boole zum unbekannten Soldaten der Computergeschichte geworden. Zwar kennt jeder Programmierer die Boole'schen Operatoren, aber kaum jemand weiß etwas über die Biografie ihres Erfinders. Auf seinem Grabstein jedenfalls ist nichts weiter vermerkt als: *George Boole starb am 8. Dezember 1864.* Sein Tod hat etwas Tragisches. Denn als der Professor nach einem langen Fußweg durch den Regen durchnässt nach Hause kam, behandelte ihn seine Frau – der damaligen Naturheilkunde gemäß Gleiches mit Gleichem vergeltend – damit, dass sie den Kranken eimerweise mit eiskaltem Wasser übergoss, eine Therapie, die zu einem Lungenödem und zu einem frühen Tod führte. So wurde die Grundformel des Computerzeitalters, wie ihr Urheber, zur großen Unbekannten.

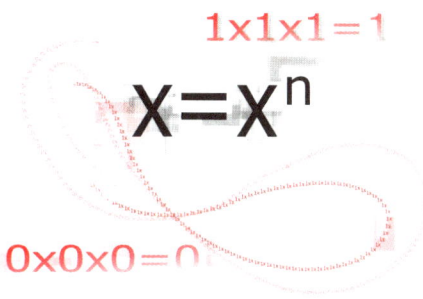

$$1 \times 1 \times 1 = 1$$
$$x = x^n$$
$$0 \times 0 \times 0 = 0$$

Als ich diese Formel vor vielen, vielen Jahren zu Gesicht bekam, traf sie mich wie ein Blitz aus heiterem Himmel. Warum? Weil sie alles, woran man mich zu glauben gelehrt hat, aus den Angeln hebt. Tatsächlich ist das Erste, was man beim Betrachten dieser Formel gewahrt, dass man es nicht mit einem Gleichgewicht, sondern einer strukturellen Asymmetrie zu tun hat. Nun ist uns diese Asymmetrie, auch wenn sie sich fremdartig anfühlen mag, keineswegs fremd. Denn wir wissen, dass jedes Gut, das digitalisiert worden ist, nach Belieben zu vervielfältigen ist. Jedoch entfaltet die Formel ihre ganze Wucht, wenn man sie auf sich selbst bezieht. Denn urplötzlich ist man genötigt, auszusprechen, was man zuvor nicht einmal zu denken gewagt hat: Ich bin ein anderer, viele, eine Population. Ich bin überflüssig. Und mit diesem

Augenblick verwandelt sich die in den Zeichen schlummernde Zumutung zum Gedankenschmerz, zu einer kognitiven Dissonanz. Denn natürlich weiß man, dass sich der natürliche Körper, anders als die Online-Existenz, nicht nach Belieben vervielfältigen lässt. Aber genau darin besteht der Trick, vermag die Formel einem begrenzten Ding den Anschein der Unendlichkeit zu verleihen. Insofern ist sie, als Betrug an der Natur, eine geradezu perfekte Maschine – und selbstverständlich wird sie, wie jede erfolgreiche Maschine zuvor, die Welt nach ihrem Bilde gestalten. Wenn ich gesagt habe, dass mich die Boole'sche Formel traf wie ein Blitz, so folgte dieser Erleuchtung die Verwunderung, dass auf den Blitz kein Donnerschlag folgte, sondern ein andauerndes, in diesem Andauern geradezu ohrenbetäubendes Schweigen. Denn obschon mich dieses Gedankenbild, diese Formel, seitdem wie ein Leitstern begleitet, bin ich noch niemandem begegnet, der sie mit jener Selbstverständlichkeit aufgenommen hätte, mit der man auf die Marotten eines guten Bekannten reagiert. Mag sein, dass derlei Merkwürdigkeiten der Grund dafür sind, warum man Bücher schreibt und darauf insistiert, dass man den Augenblick kennt, da eine Geschichte ihren Anfang nimmt. Denn wie will man beispielsweise einen Film verstehen, wenn man sich erst zum großen Finale ins Geschehen einklinkt?

Dass sich die Boole'sche Algebra trotz alledem, wenn auch auf vermittelte, verfälschte und umgedeutete Weise

durchsetzen konnte, hat verschiedene Gründe. Der erste
trägt den Namen Gottlob Frege – und die präziseste Vorstellung, die man sich von die-
sem Philosophen machen kann,
ist wohl, dass man sich ihn als
Putzteufel, Genauigkeitsfanatiker
und Zwangscharakter vorstellt.

Warum? Wenn Frege einen
Feind hat, so ist es die Sprache,
der es seiner Meinung nach an
der nötigen Schärfe und Präzision fehlt. Um der Sprache
ihre Tücken und Ungenauigkeiten, ja ihre ganze Unrein-
heit auszutreiben, rückt ihr Frege mit seinem eisernen
Besen zu Leibe – immer mit dem Ziel, die Sprache zu
einem Präzisionsinstrument umzufunktionieren, das so
reibungslos funktioniert wie die Mathematik. Und weil
in seinem Denken alles porentief rein ist, kann er von
sich behaupten, dass er als Philosoph sozusagen durch
ein Mikroskop auf die Welt hinabschaut, während der
Normalmensch dem Augenschein aufsitzt. Tatsächlich
loben die Philosophiegeschichten Frege dafür, dass er
mit seinem großen begrifflichen Kehraus die Logik und
die Philosophie revolutioniert habe. Er gilt als Begründer der Sprachphilosophie und der formalen Sprachen –
und Philosophen wie Carnap, Russell, Wittgenstein
berufen sich auf ihn. Weil von hier der Weg zur Informa-
tik und Computerwissenschaft führt, lassen ihn manche
Computergeschichten als eine Gründerfigur erscheinen,

deren Ingenium die Pforte ins Computerzeitalter aufgestoßen hat. Eine Kleinigkeit wird dabei übersehen. Denn die Logik, die den Pfeiler seines Denkens ausmacht, hat Frege von Boole übernommen (was bereits einem Zeitgenossen säuerlich aufstieß, Charles Sanders Peirce, der bemerkte, dass Freges Gedanken bestenfalls eine »Umschrift« der Boole'schen Vorlage darstellten).

Nun ist der Diebstahl in der Wissenschaft die goldene Regel – unter der Voraussetzung, dass man a) nur die Besten bestiehlt, b) ihre Namen angibt, c) das Diebesgut nicht auch noch verfälscht. Was den ersten Punkt anbelangt, kann man Frege keinen Vorwurf machen. Was Punkt b und c betrifft, hingegen schon. Denn nicht bloß, dass er alles darangesetzt hat, den Boole'schen Anteil an seinen Ideen herunterzuspielen, darüber hinaus hat er die Welt der Zahlen (die Boole mit seiner Logik abgeschafft hatte) durch die Hintertür wieder eingeführt. Und warum?

Die Antwort findet sich in einem kleinen Text, in dem Frege über die Natur des Gedankens sinniert und fragt, inwiefern sich ein Gedanke von einem Hammer unterscheidet. Ein Hammer, so legt er dar, ist ein von Menschenhand gefertigtes Instrument, während ein Gedanke, als philosophische Erkenntnis, kein menschliches Produkt, sondern eine Eingebung höherer Wesen darstellt. Als solche ist der Gedanke »zeitlos wahr«, wie ein Planet, der ungerührt seiner Himmelsbahn folgt.

Natürlich waren die Philosophen begeistert. Wer freut sich nicht, wenn man ihn den höheren Wesen zurechnet?

Folglich begann jedermann, Wahrheitstabellen anzulegen, glaubte man, mit der symbolischen Logik eine Art Universalschlüssel in der Hand zu haben, mit der sich alle Probleme der Welt aus der Welt schaffen ließen.

Wenn wir uns diesem Hohelied der künstlichen Intelligenz anschließen wollten, müssten wir all das löschen, was wir auf den vorangegangenen Seiten erzählt haben. Und zwar komplett. Die Sache mit der Elektrizität, den Engeln und Monstern und all diesen Unbekannten, mit denen wir uns haben herumschlagen müssen. Denn durch das Frege'sche Mikroskop besehen, ist all das ein Dreck. Und weil der Dreck beseitigt gehört, behauptet Frege, sich seine überlegene Wahrheit nicht bei Boole ausgeborgt zu haben, sondern dass ein himmlischer, überlegener Geist sie ihm eingeflößt habe. Damit verhält er sich wie der Maler, der die obere Ecke eines Bildes schwarz malt und behauptet, höhere Wesen hätten ihm dies befohlen. Aber ist das, wenn wir unsere Erzählung überfliegen, nicht ein gängiges Muster? Hat sich nicht auch Ada Lovelace, als Braut der Wissenschaft, für auserkoren gehalten? Und haben die Forscher der Elektrizität nicht geglaubt, die Macht über Leben und Tod in den Händen zu halten? Natürlich tut man derlei nur, wenn man sich selbst für ein höheres Wesen, also für auserwählt hält – was sich im Falle Freges nicht nur als Verdunkelung der Boole'schen Vorlage, sondern auch als geifernder Antisemitismus artikuliert.

Und plötzlich befinden wir uns im Jahr 1936. (Das darf uns nicht wundern, denn die Geschichte des Computers kennt merkwürdige Wege, Bahnungen, die wie die Wurmlöcher der Physik die Zeit untertunneln). Überall brennt Licht, es gibt Radio und Fernsehen. Und hier, in diesem Raum im Massachusetts Institute of Technology, steht ein 100 Tonnen schwerer Koloss aus Stangen und Rädern, der, von Lochkarten gesteuert, auf wundersame Weise bewegt wird und letztlich Rechenergebnisse ausspuckt.

Claude Shannon, der mit der Aufgabe betraut worden ist, sich um den elektromechanischen Computer des Instituts zu kümmern, hat von seinem Boss erfahren, dass dieses Ungetüm Babbages Analytischer Maschine nachempfunden ist. Das bedeutet: Die Maschine funktioniert, obschon elektrisiert, noch immer auf eine vordigitale Art und Weise. Weil das Gerät immer wieder ausfällt, sind die Mitarbeiter des Instituts beständig damit beschäftigt, die funktionsuntüchtig gewordenen Relais wieder in Ordnung zu bringen. Dabei fällt Shannon auf, dass die Schaltkreise dem ähneln, was er in einem Kurs über die

Boole'sche symbolische Logik gelernt hat. Und weil er nicht nur ein begnadeter Einradfahrer und Jongleur, sondern auch ein Erfinder ist, setzt er sich hin und überlegt, wie ein sehr viel einfacherer, moderner, folglich: digitaler Computer gebaut werden könnte. Eigentlich, so dämmert es ihm, muss er nur die Grundgesetze der Boole'schen Logik auf die Schalter übertragen. Um addieren und multiplizieren zu können, braucht es nur zwei Schaltertypen, solche, die in Serie geschaltet und solche, die parallel geschaltet sind. Zum Addieren (oder genauer: um die Operationen des logischen UND auszuführen, werden die Eingabefelder hintereinander angeordnet.

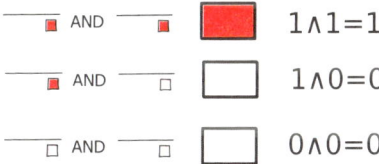

Für die Multiplikation, das logische ODER, nutzt man zwei parallele Schalter.

Zugegeben, das sieht nicht ganz unkompliziert aus, zumal wenn man sich einen Schaltplan mit Millionen von Transistoren hinzudenkt. Jedoch ist das dahinterliegende Prinzip einfach: elektrischer Strom, der mithilfe der Boole'schen Binärlogik gezähmt worden ist, Energie, die sich zu Information wandeln lässt. Man könnte sagen: Addiert man Babbage mit Boole, kommt Shannon heraus. Wie hat schon Karl Marx gesagt? Die Geschichte wiederholt sich, nur dass der zweite Aufguss in der Regel eine Farce ist. Die Schwierigkeit besteht darin, dass die Vorgeschichte aus dem Blickfeld gerät oder wie im Falle Freges zum Schweigen gebracht wird. So hat die Wissenschaftswelt Claude Shannon als Vater des Informationszeitalters gefeiert – und den talentierten Studenten mit dem Alfred-Nobel-Preis der amerikanischen Ingenieure ausgezeichnet. Anders als Frege jedoch war Shannon ein höchst integrer Charakter, der niemals auf den Gedanken verfallen wäre, die Leistung eines anderen als seine eigene auszugeben. Auf die Journalistenfrage, was denn das Heureka-Moment seiner Entdeckung gewesen sei, sagte er, er könne sich nicht erinnern, und selbst wenn es einen solchen Augenblick gegeben hätte, hätte er nicht gewusst, wie man Heureka buchstabiert. Diese, wenn man so will, gleichermaßen subversive wie humorvolle Antimetaphysik kennzeichnet auch Shannons weitere Großtaten. Nicht nur, dass seinem Erfindergeist eine Flammenwerfer-Trompete entsprang, darüber hinaus baute er ein Tool, das er die »ultimative Maschine«

nannte. Drückte der Nutzer einen Knopf, öffnete sich die Box und eine Hand kam zum Vorschein. Diese drückte den Kopf ein zweites Mal, und der Apparat schloss sich.

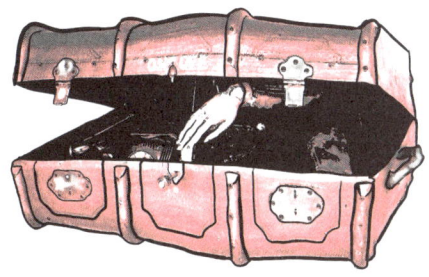

6

EINLADUNG
ZUM GEFLÜGELSALAT

Eine Gesellschaft, die Massenmedien benutzt, ist eine Massengesellschaft. Während die meisten Zeitgenossen die Massengesellschaft auf einen naturwüchsigen Nationalismus zurückführen, haben wir kein ewiges Deutsch- oder Franzosentum im Sinn, sondern konzentrieren uns auf das, was diesen Gesellschaftstyp erst hervorbringt: jenen Blitz, der unsere elektrisierten Mönche in Zuckungen versetzt. *Information*, so könnte man sagen, ist die Art und Weise, wie sich die Mönche in *Formation* stellen. Was passiert, wenn der Versuchsleiter die Batterie berührt? Er hängt im Netz und beginnt mit den anderen zu zucken, ob er dies will oder nicht. Nun muss die Eingemeindung nicht notwendigerweise mit einer physischen Gleichschaltung einhergehen. Denn wie die Mesmer'schen Séancen zeigen, kann schon die bloße Einbildung ausreichend sein.

Die größte dieser Einbildungen ist zweifellos der Nationalismus: Plötzlich werden die Menschen von einem unsichtbaren Band zusammengehalten – entstehen jene modernen Nationalstaaten, die allesamt über eine Flagge, eine Hymne und eine Nationalmannschaft verfügen. Und weil wir selbst so berauscht sind von unseren Weltmeistern, vergessen wir leicht, dass sich mit dem Staat auch die Statistik einstellt (die ihren Namen von der Staatskunde ableitet) – und mit ihr die Notwendigkeit einer Bürokratie, der Aktenführung und der Ausweispapiere. Nicht zufällig ist unser Computerpionier Babbage derjenige, der die Royal Society of Statistics ins Leben ruft – und das Geschäftsmodell der modernen Lebensversicherung entwirft. Vergleichen wir diese Logik mit den Usancen, die noch eine Generation zuvor geherrscht hatten, ist der Vorteil eines unpersönlichen Solidarprinzips unübersehbar. Vor der Französischen Revolution war es üblich, dass ein Bürger, der eine regelmäßige Rentenzahlung haben wollte, dem Staat einen bestimmten Geldbetrag überließ – womit er bis zum Tod einer im Vertrag festgelegten Person eine monatliche Rentenzahlung erhielt. Was für die Versicherung ein Anreiz war, diese Person möglichst schnell aus der Welt hinaus zu befördern.

Wo die Lehre der Statistik um sich greift, führt die Entdeckung der Masse dazu, dass man den

Durchschnittsmenschen vermisst, seinen Body-Mass-Index ermittelt, ja überhaupt alle erdenklichen Daten über ihn zu sammeln beginnt.

Natürlich will man zunächst wissen: Wie viele Leute leben überhaupt hier? Diese Frage wiederum ruft den Volkszähler auf den Plan. In unserem Fall hört er auf den Namen Herman Hollerith und ist der Sohn des Altphilologen Georg Hollerith, der, als revolutionär gesinnter Geist, 1850 aus Großfischlingen an der Weinstraße nach Amerika emigriert ist. Und eben dort, in Buffalo im Staate New York, wird der kleine Herman 1860 geboren. Weil das Kind an einer ausgeprägten Leseschwäche leidet, revoltiert es zu allererst gegen das Diktat seiner Lehrer, und zwar indem es, um ein solches nicht schreiben zu müssen, kurzerhand aus dem Fenster des Klassenraums im Obergeschoss springt. Die Mama, die nach dem Tod ihres Mannes alleinerziehend ist, nimmt den Sohn aus der Schule und unterrichtet ihn daheim. Im Jahr 1875 schreibt sich der aufgeweckte Knabe im City College New York für Ingenieurswissenschaften ein und verlässt schließlich die Columbia University School als graduierter Bergbauingenieur. 1880 beginnt er seine Arbeit beim frisch gegründeten U.S. Census Office. Wofür interessiert sich ein zwanzigjähriger Bergbauingenieur? Richtig, in erster Linie für Frauen. Und so kommt er im Bootsklub von Buffalo mit der jungen Kate Sherman Billings ins Gespräch – und wird von ihr zur Geflügelsalatverkostung eingeladen. Ihr Vater John Shaw Billings wiederum ist der Sterbestatistiker des amerikanischen Zensus. Da er nicht mehr der Jüngste ist und in seiner Berufslaufbahn einige Institutionen verschiedenster Ausprägung aufgebaut hat (ein Armeemuseum, die Medizin-Bibliothek des Heeres, schließlich die New Yorker Public Library), lässt er die Bemerkung fallen, dass das mühsame Registrierungsgeschäft der Sterbestatistiken doch von einer mechanischen Apparatur besorgt werden müsse, auf die gleiche Weise, wie der Jacquard'sche Webstuhl seine Muster generiert: mit einer Lochkartensteuerung.

Mit diesem Satz ist der junge Bergbauingenieur zum Data Mining konvertiert. Als Hollerith wenig später am MIT die Möglichkeit einer solchen Apparatur sondiert, kommt er zu dem Schluss, dass die Lochkarte neben ihrer Verwendung zur Mustererzeugung tatsächlich ein perfektes Medium für die Informationsspeicherung darstellt. Dazu freilich musste er nicht einmal seine Vorstellungskraft bemühen, sondern sich nur die bei Eisenbahnschaffnern im Westen gebräuchliche »Lochkartenfotografie« vor Augen führen. Hier wurden, um den Besitzer einer Eisenbahnkarte zu identifizieren und zu verhindern, dass er seine Karte einem »blinden Passagier« zusteckt, an bestimmten Stellen Löcher für Merkmale gesetzt, die den Träger beispielsweise als blond, groß und bärtig auswiesen. Dieses Konzept im Hinterkopf, entwarf Hollerith nun eine Maschine, die jeden amerikanischen Bürger in Einzelheiten zerlegte.

Die wesentliche Innovation, die seine Apparatur über die schlichte Lochkartenfotografie der Schaffner erhob, war, dass seine Maschine die Information der Lochkarten in elektrische Impulse übersetzte – und diese wiederum die mechanischen Zähler aktivierten. Auf diese Weise war der Leseprozess elektrifiziert, waren die 43 Maschinen, die Hollerith dem Zensus im Jahr 1890 zur Verfügung stellte, in der Lage, die 62 622 250 Menschen, aus denen die amerikanische Gesamtpopulation bestand, eigenständig zu erfassen – und dies zu einem Bruchteil der Kosten und der bisher dafür veranschlagten Zeit. Die Würdigung seines Erfolgs ließ nicht lange auf sich warten. Hollerith erhielt die Bronzemedaille der Weltausstellung 1893 und begann als Evangelist seiner Maschine um die Welt zu reisen. Weil jeder der aufstrebenden Nationalstaaten an einer Volkszählung interessiert war, gründete Hollerith 1896, kaum 36 Jahre alt, die *Tabulating Machine Company*, die eine verbesserte Version seines Volkszählungsautomaten offerierte. Der Preis, den der amerikanische Zensus von 1900 dafür zu entrichten hatte, war freilich so gigantisch, dass Zweifel aufkamen, ob er zu rechtfertigen sei. Allerdings ergaben die Berechnungen, dass die Nutzung der Maschinen immer noch billiger kam als eine händische Eingabe. Das Geschäftsmodell der Firma war nicht minder ingeniös als die materielle Apparatur. Denn die Hollerith'schen Maschinen waren nicht zu erwerben, sondern wurden lediglich verliehen; zudem benötigten sie, als Rohstoff, die Hollerith'sche Lochkarte. Weil Hollerith sich von Anbeginn darüber im Klaren war, dass Information eine Währung darstellt, fand er es passend, seiner Lochkarte die Maße einer Dollarnote zu geben.

Obschon die Firma damit über eine Cashcow verfügte, gediehen die Geschäfte nicht wie erhofft. Dies lag vor allem an der Person des Erfinders. Denn statt sich weiterhin mit den Belangen des Unternehmens zu beschäftigen, widmete Hollerith sich lieber seiner Farm, seinen Guernsey-Kühen, guten Zigarren und gutem Wein. Tatsächlich schien Hollerith, bis auf seine Erfindung, nur drei Dinge wirklich zu schätzen: Sein Deutschtum, sein Privatleben und seine Katze, die auf den Namen Bismarck hörte. Wie er seinen Bismarck mit einem elektrischen Zaun vor der feindlichen Katzenwelt schützte, hegte er seiner eigenen Umwelt gegenüber ein ausgeprägtes Misstrauen. Folglich schreckte er nicht davor zurück, seinen größten Kunden, den amerikanischen Zensus, in einen Rechtsstreit um Patentverletzungen zu verwickeln.

Solch Querulantentum, das ihn bei Freund und Feind gleichermaßen unbeliebt machte, trug nicht zum Gedeihen der Firma bei. Im Jahr 1911 erwarb sie der Industriemogul Charles R. Flint und verschmolz sie mit drei anderen Firmen zur *Computing-Tabulating-Recording Company*. Hollerith blieb diesem Konsortium als Vorstandsmitglied und Berater erhalten. Geschäftsführer wurde Thomas J. Watson, jener Mann, der mit seiner Voraussage, dass es einmal einen Weltmarkt für vielleicht fünf Computer geben werde, zum Gespött aller Zukunftsforscher werden sollte. Im Gegensatz zu dem eigenbrötlerischen Ingenieur Hollerith war Watson, der seine Karriere bei der *National Cash Register Company* gemacht hatte, ein begnadeter Verkäufer. Bei der Verfolgung seiner

THINK!

Ziele schreckte er nicht vor unkonventionellen Geschäftsmethoden zurück, was ihm eine Anklage wegen betrügerischer Geschäftspraktiken und den Ruf eines »Mexikanischen Banditen« eingebracht hatte.

An die Spitze des neuen Unternehmens gelangt, gebärdete sich Watson allerdings überaus vornehm. Neben einem ausgeprägten Kult um die eigene Person etablierte er eine Firmenkultur der besonderen Art. Jedes Essen, jeder öffentliche Auftritt war eine Gelegenheit zur Eigenwerbung. In dieser fortgesetzten PR-Show waren die astronomischen Trinkgelder, die er Kellnern, Liftboys und Chauffeuren zusteckte, Teil eines großartigen Bildes, in dem ein weitsichtiger Führer über seinen Kindern thronte. »Betrachtet mich als Haupt der Familie«, war das Credo, das Watson seinen

Untergebenen einschärfte. Um den Familiensinn mit Leben zu füllen, unterhielt Watson seine Angestellten mit einer nicht enden wollenden Serie von Picknicks, Ausflügen und Tanzveranstaltungen. Wurde ihnen als Mitgliedern der Firma versprochen, niemals allein zu bleiben, waren die Verkäufer im Gegenzug angehalten, sich im Arbeitsalltag tadellos zu kleiden. Es gab Motivationsseminare, Firmenlieder, ja nachgerade eine Art Religion der Erwähltheit (klingt das nicht vertraut?). Ihr spiritueller Gipfel war der Firmenslogan THINK, der die oberste jener Stufen zierte, die man erklimmen musste, um in das Allerheiligste, die Räume der Firma, einzutreten. Und weil über alldem das Porträt des allwissenden Vaters prangte, gelang es Watson, das vor sich hin dümpelnde Geschäft wieder flott zu machen.

Als Hollerith im Jahr 1924, seiner Herzprobleme wegen, seinen Vorstandsposten niederlegte, nutzte Watson die Gelegenheit und benannte die Firma, seinen Expansionsplänen gemäß, in IBM um, *International Business Machines*. Mit dieser Entscheidung rückte auch Deutschland in den Blick. Dort hatte sich mit der *Deutschen Hollerith Maschinen Gesellschaft* (DEHOMAG) im Jahr 1910 ein Ableger etabliert, der wie alle anderen Franchiseunternehmungen die Maschinen Holleriths mietete und Lochkarten und Programmierintelligenz orderte. In den Wirren der Inflation übernahm Watson das Geschäft, eine Übernahme, die, wie fast all seine Geschäftspraktiken, eher unfreundlicher Natur war. Obwohl sie den Titel der IBM nicht im

Namen trug, wurde die DEHOMAG zur größten IBM-Dependance in Europa.

Dies sollte sich, ebenso wie die deutsche Herkunft Holleriths, bei der Machtübernahme der Nazis als höchst geschäftsfördernd erweisen. Denn die DEHOMAG konnte als vermeintlich deutsches Unternehmen das Geschäft der Arisierung betreiben. Der erste Testlauf war die Preußische Volkszählung, die im Jahr 1933 durchgeführt wurde. Bei dieser Gelegenheit wurde den neuen Machthabern vorgeführt, dass ihre Rede vom »Volkskörper« sich nicht im Metaphorischen verlor, sondern – in Gestalt Abertausender Lochkarten – eine Realität darstellte, mit der sich rechnen ließ. Folglich konnte das Statistische Reichsamt vermelden, dass der Berliner Bezirk Wilmersdorf mit 13,5 % die höchste Judendichte aufwies. Und da es über die Verknüpfung von Informationen möglich war, jede beliebige Bevölkerungsgruppe dingfest zu machen (mochte es sich um die praktizierenden, polnischstämmigen oder vermögenden Juden handeln), hatten die »Herrenmenschen« ein fantastisches Machtmittel in der Hand, ein Mittel, mit dem der Genozid überhaupt erst in den Bereich der Planbarkeit rückte. Wer, wo, was? – nichts sollte dem Führer verborgen bleiben.

Dabei war Watson, seiner Vorliebe für Mussolini zum Trotz, selbst kein Antisemit. Als Geschäftsmann betrachtete er das rassehygienische Programm der Nazis vor allem als willkommene Gelegenheit, die Fertigkeiten seiner Maschine zu demonstrieren. Als guter Kapitalist erbot er sich, den Nazis die Intelligenz seiner Firma zur Verfügung zu stellen. Dieses Anerbieten markiert einen tiefen Einschnitt in unserer Computergeschichte, den Augenblick nämlich, da die Maschine auf die Seite der Macht wechselt. Hatte bislang allein die Liaison von Lochkarte und Dollar den Lauf der Dinge bestimmt, vermählte sich die Ratio nun mit dem Rassenwahn der Herrenmenschen, fand der Wahnsinn zu seiner Methode. Fortan lag die Zukunft der Juden nicht mehr in den Sternen, sondern in den Hollerith'schen Lochkarten beschlossen. Schon mit dem Zensus von 1939, im Gefolge der Reichskristallnacht, hatte man die erhobenen Informationen als Bausteine einer Vernichtungsmaschine konzipiert, mittels derer man die Juden nacheinander aus dem Geschäftsleben entfernen, sie ihrer sozialen Kontakte, ihrer Besitztümer, schließlich ihres Lebens berauben konnte.

Und hier begegnen wir der Janusköpfigkeit unserer Formel. Denn auch wenn wir in den Zeiten des Big Data von Skalierungseffekten und einer künstlichen Intelligenz namens Watson träumen, führt uns die Morgenröte des Informationszeitalters in die Konzentrationslager, dorthin, wo die Hollerith'schen Maschinen das Töten beaufsichtigten. Wie jedes Konzentrationslager seinen Hollerith-Code hatte (Auschwitz 001, Buchenwald 002, Ravensbrück 010), besaß es eine Hollerith-Abteilung, die das Lagerleben, nein, das -sterben organisierte. In der Abstraktion des Todes war die Leidensgeschichte des

Einzelnen nicht mehr mit seinem Namen und seiner Geschichte verknüpft, sondern mit der Zahl, welche die Meister des Todes auf seinen Unterarm tätowiert hatten.

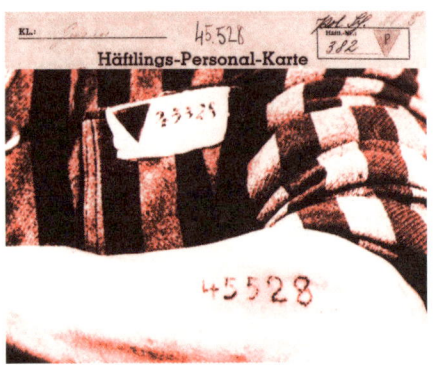

Und weil dies die ID seiner Lochkartenvita war, starben keine Individuen mehr, sondern Nummern. Datenträger. Vielleicht ist es eine der großen Merkwürdigkeiten, dass eine ganze Historikergeneration an der Digitalisierung des Todes vorübergegangen ist, während man sich andererseits mit der Mär einer vermeintlich rückschrittlichen Blut-und-Boden-Ideologie begnügt hat. Nein, Auschwitz ist nicht nur der Ort, an dem Europa, ja, die Menschheit untergegangen ist. Es ist, auf schwer erträgliche Weise, der Anfang unserer schönen, neuen Welt.

7

DAS GEHEIME LEBEN

Wundert es uns, dass uns die Geschichte, nachdem sie uns mit den Dunkelkammern der Menschennatur konfrontiert hat, jetzt in Kriegsgebiete führt, auf das Feld jenes Herrn, der, wie es heißt, der Vater aller Dinge ist? Zweifelsohne befeuert der Krieg die Entwicklung der Computerkultur, dennoch wäre es voreilig, ihn als Ursache zu betrachten. Denn wie wir bemerkt haben, kommt der Computer nicht allein, sondern führt allerlei Gespenster mit sich, die sich auf denkbar widersprüchliche Weise artikulieren. Insofern ist die Geschichte des Computers immer auch die Geschichte von Tod und Teufel, von Engeln, die auf einer Nadelspitze tanzen, irgendetwas zwischen Albtraum und Märchen, Segen und Fluch. Wie hat Nietzsche gesagt? Wo Menschenwerke im Spiel sind, ist auch der Menschenwahnsinn nicht weit.

Folglich werden die Fortschritte der Vernunft von überaus rätselhaften, untergründigen Motiven begleitet, kann die Wahrsagerin auf einem Rummelplatz eine ähnlich bedeutsame Rolle spielen wie die Kälte der Mathematik. Tatsächlich sind beide Stränge, jeder für sich, so stark, dass man nachgerade von einer Form der Schizophrenie sprechen könnte. Auf jeden Fall wäre es grundfalsch, Alan Turing, der uns im folgenden Kapitel beschäftigen wird, als den Erfinder der Turing-Maschine zu lobpreisen, aber jenes geheime Leben außer Acht zu lassen, das ihn schließlich dazu bewog, seinem irdischen Dasein ein Ende zu setzen. Mit einem vergifteten Apfel, geradeso wie Schneewittchen.

Alan Turing wird im Jahr 1912 geboren, als zweiter Sohn eines Beamten, der im Dienst des britischen Empires in Indien tätig ist. Da der Vater der Meinung ist, dass seine beiden Söhne nichts in Indien verloren haben, werden sie in die Obhut eines Kinderhüters gegeben, der, sehr passend, Colonel Ward heißt. Als sie alt genug sind, schickt man sie auf eine Public School, eine jener englischen Eliteschulen, wo die Knaben darauf vorbereitet werden, im Beamtenapparat des Empire möglichst anstandslos zu funktionieren. Aber wenn einer nicht für diese Welt gemacht ist, dann der kleine Alan, ein schüchternes Kind, das sich ständig mit Tinte bekleckert und dafür vor seinen Klassenkameraden bloßgestellt wird.

Hat sich der junge Hollerith mit einem Sprung aus dem Fenster allen Diktaten entzogen, kennt Alan Turing kein anderes Entkommen als den Traum von einer Spezialtinte, die seine Ungeschicklichkeit sozusagen unsichtbar macht. Und während sich seine Kameraden auf dem Sportfeld vergnügen, überwacht Alan die Seitenlinie – erlaubt ihm die Funktion des Linienrichters einen sowohl außenseiterischen als auch geometrischen Blick auf das Geschehen.

Nein, ganz treffend ist die Charakteristik des Einzelgängers nicht. Denn als Alan heranwächst, begreift er, dass er, anders als das stramme Regelwerk der Schule dies vorsieht, den Corpsgeist der Schule weniger sportlich als erotisch sieht. Alan mag Jungen – in diesem Falle einen intelligenten, ebenso naturwissenschaftlich interessierten Mitschüler. Die Entdeckung eines Gleichgesinnten ist für Turing so überwältigend, als hätte er einen Außerirdischen getroffen. Unversehens ist die Welt nicht mehr der Ort tiefster Einsamkeit, sondern das Versprechen, dem Geliebten zu begegnen – und so werden die Orte, an denen sein geliebter Christopher wandelt, gewissermaßen heilig.

Anders als der schüchterne, bescheidenen Verhältnissen entstammende Alan ist Christopher Morcom weltzugewandt, charmant, von äußerst gewinnendem Wesen.

Zudem ist die Familie der Morcoms überaus vermögend. Jedenfalls erfährt der staunende Alan (der mit bescheidensten Mitteln im Keller der Schule experimentiert), dass man im Hause Morcom den Söhnen ein eigenes Labor bereitgestellt hat. Einen Sommer lang tauschen sich die beiden Kameraden über Astronomie, chemische Experimente und über die Relativitätstheorie aus. Allerdings bleibt ihre Beziehung gänzlich platonisch. In den Briefen, in denen sie einander mit Nachnamen anreden, geht es um Experimente, physikalische und mathematische Fragen. Dies verhindert nicht, dass man ein gemeinsames Studium in Cambridge plant – doch nach der Aufnahmeprüfung wird nur Christopher zugelassen. Gänzlich untröstlich aber ist Turing, als der geliebte Freund, kaum eine Woche später, an einem geheim gehaltenen Rindertuberkulosevirus verstirbt.

Alan schreibt Christophers Mutter und wird im Gegenzug von ihr eingeladen, an der Stelle des Toten eine Reise mit ihr zu unternehmen. Er schläft in Christophers Bett, seinem Schlafsack und bittet die Ersatzmutter, ihm einen Gutenachtkuss zu geben. Gemeinsam pilgern sie zu der Kirche, wo man dem Verstorbenen, als heiliger Christophorus, ein Kirchenfenster geweiht hat. Daraus wird ein jährliches Ritual, und Turing wirft in der Korrespondenz mit der Mutter die Frage auf, »warum wir überhaupt Körper haben, warum wir nicht frei als Geister leben […] und als solche kommunizieren?«.

Die Zeit jedoch hat für platonische Liebesgeschichten

nichts übrig. Überall in Europa spürt man den nahenden Krieg. Und man weiß, dass bei den kommenden Schlachten nicht bloß Kampfeswille und Heldenmut, sondern Intelligenz und Material ausschlaggebend sein werden. Im Krieg der Geheimhaltung besitzen die Deutschen eine kryptografische Wunderwaffe, die den Namen »Enigma« trägt und die es ihren Gegnern geradezu unmöglich macht, die Kommunikation der Wehrmacht abzuhören.

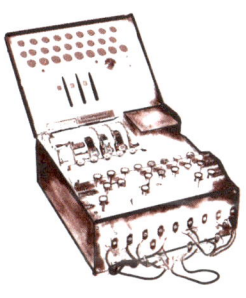

Zwar funktioniert die Maschine schon auf der Basis von Radioübermittlung und Morsecode, strukturell jedoch ist ihr Grundprinzip noch immer vordigital – und wurde bereits vom Renaissancephilosophen Leon Battista Alberti propagiert: Mithilfe zweier verschiebbarer Scheiben tauscht man alphabetische Zeichen gegeneinander aus, sodass je nach Stellung der Scheiben ein E beispielsweise durch ein P ersetzt wird, ein I durch ein V – womit sich das »Ei« zu einem unleserlichen »PV« verwandelt.

Dass die Enigma-Maschine trotz dieses relativ primitiven Ersetzungsmechanismus als unentschlüsselbar galt, lag daran, dass die Scheiben, durch den Einsatz verschiedener Rotoren, regelmäßig verschoben wurden – womit das überschaubare kombinatorische Problem von 26 Buchstabenersetzungen in furchterregende Trilliarden-Dimensionen hinein explodierte. Und um diese Problematik zu lösen, war der britische Geheimdienst zwanghaft auf der Suche nach Wissenschaftlern, die sich der Aufgabe gewachsen fühlten. Warum aber verfielen die Schlapphüte dabei auf Alan Turing?

Der 24-jährige Turing hatte im Jahr 1936 einen Aufsatz veröffentlicht, der sich mit einer sehr abstrakten mathematischen Fragestellung, dem Hilbert'schen »Entscheidungsproblem«, befasste und eine praktische Lösung anbot. Dabei lautete David Hilberts Ausgangsfrage, ob es möglich sei, einen Algorithmus zu entwerfen, der, aufgrund von Ja-und-Nein-Antworten, die universelle Gültigkeit einer logischen Aussage belegen kann – ein Wahrheitstest, wenn man so will. Turings Lösung war insoweit originell, als er sich nicht im Labyrinth einer Metalogik verirrte, sondern die Aufgabe einer maschinellen Intelligenz übertrug – einer Apparatur, die Turings Obsession mit dem nicht-kleckernden Spezialfüller entsprungen zu sein schien. Tatsächlich handelte es sich um eine Schreibapparatur, deren Funktionsmodus nur drei Elemente vorsah: ein unendliches, in Quadrate unterteiltes Band, einen Schreib- und Lesekopf, der den Inhalt eines Quadrats auslesen und überschreiben konnte, und zu guter Letzt ein Programm, das den Schreibkopf anwies, sich nach rechts oder links zu bewegen und eine bestimmte Operation auszuführen.

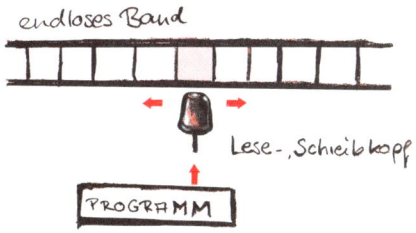

So wäre das Hochzählen einer Zahl ganz simpel zu bewerkstelligen, nämlich mit der Anweisung: »Lies die Zahl aus dem Kästchen ein, gehe ein Feld nach rechts und addiere zu der Zahl, die du dir gemerkt hast, eine Eins hinzu. Schreibe das Ergebnis in das Feld, auf dem du dich befindest.« Da die Maschine über alle Zeit der Welt verfügen sollte, wäre jedes mechanisch lösbare Problem zu bewältigen – bis auf dasjenige, das eine künftige, noch nicht ergründete Zahlengattung vorsähe. Letztlich also war Turings universale Maschine nichts weiter als die Formalisierung von Babbages Gottesbeweis – mit dem Nebeneffekt, dass Turings imaginäre Maschine Hilberts Entscheidungsproblem gelöst, oder genauer: seine Unlösbarkeit demonstriert hatte. Denn wenn für eine Berechnung alle Zeit der Welt nötig ist, kann es keinen Haltepunkt, folglich keine Entscheidung über wahr oder falsch geben. Mag sein, dass uns die Mathematik dahinter schwer zugänglich ist, das Phänomen selbst ist uns jedoch bestens bekannt: als jener Augenblick nämlich, da unser Computer sich aufgehängt hat.

Weil sein Aufsatz in der kleinen Welt der Mathematik einen Eindruck hinterließ, wurde Turing zum Studium nach Amerika eingeladen. Nach Abschluss seiner Doktorarbeit kehrte er nach England zurück – und wurde sofort von der Government Code and Cypher School, der Dechiffrierungsabteilung des englischen Geheimdienstes, angeworben. Hier traf er auf das, was zu der damaligen Zeit »Computer« genannt wurde: junge, schlechtbezahlte Frauen, die in Großraumbüros einfache Rechen- und Kopieraufgaben erledigten. Auch was wir »Software« nennen, hatte damals eine andere, eher handgreifliche Bedeutung. Denn damit waren jene Pappkärtchen gemeint, die die Funker der deutschen U-Boote nutzten und auf denen die wechselnden Verschlüsselungs-Grundeinstellungen der Enigma notiert waren. Damit sie im Falle einer U-Boot-Versenkung nicht dem Feind in die Hände fielen, waren sie, mitsamt der Tinte, wasserlöslich gemacht worden. In gewisser Hinsicht war das Enigma-Projekt die ideale Arbeitsumgebung für Alan Turing. Denn hier war er umgeben von Kreuzworträtselfanatikern, Hieroglyphenforschern, Paläontologen, lauter Nerds, die sich nicht weiter verwunderten, wenn ihr Star mit einer Gasmaske vor dem Gesicht angeradelt kam.

Trotz dieser Ticks konnten die Codebreaker rasch

Erfolge vorweisen. Weil die deutschen Funker die Gewohn-
heit hatten, ihre Nachrichten mit den immergleichen
Begriffen zu verschlüsseln, weil fast jedes Schreiben
zudem mit der Grußformel »Heil Hitler« begann, hatten die Forscher genug Anhaltspunkte, um die täglich
wechselnden Chiffrierungen zu entziffern. Schon hier
brachte sich Turing nicht nur als mathematisches Genie,
sondern als Miterfinder einer Entzifferungsmaschine
ein, die den Spitznamen »die Bombe« bekam.

Im Juli 1942 allerdings kam es zur Krise. Die Deutschen hatten die Enigma durch einen Zusatz auf zwölf
Rotoren erweitert, die Verschlüsselungen der neuen
»Lorenz-Maschine« erwiesen sich als um ein Vielfaches
komplexer. Die einzige Möglichkeit, sich dieser kombi-
natorischen Entfesselung zu stellen, bestand darin, den
Entzifferungsprozess bedeutend zu beschleunigen – und
dies wiederum lief darauf hinaus, dass die Arbeit der »big
room girls« von einer Maschine erledigt werden musste.
In diesem Zusammenhang erinnerte sich Turing an
einen jungen Mann, der in der Forschungsabteilung der
Britischen Post arbeitete. Tommy Flowers hatte Turing
schon deswegen beeindruckt, weil seine automatischen
Relais ihn an seine eigenen Maschinenträume erinner-
ten. Der Ingenieur kam nach Bletchley Park, wo sich
die Code and Cypher School befand, und gemeinsam
nahm man die Arbeit auf. Der »Colossus« sollte eine
Art Wundermaschine werden. Flowers steuerte die Hard-
ware-Konfiguration bei, Turing die mathematische und

statistische Intelligenz. Dabei gelang Flowers das Kunststück, Papierstreifen mit einer Geschwindigkeit von
30 Meilen/h einlesen zu lassen, womit die Maschine
5000 Zeichen in der Sekunde verarbeiten konnte. Das
entsprach der Lesegeschwindigkeit von etwa 500 menschlichen Mitarbeitern. Der Colossus benutzte Boole'sche
Schaltungen, wie Claude Shannon sie in seiner Master-
arbeit vorgestellt hatte, und zerlegte die Buchstaben in
einen 5-Bit-Code. Mit 1500, in späteren Versionen 2500
Vakuumröhren bestückt, konnte die Maschine die Daten
in einem 200-Millionstel-Sekundentakt bearbeiten. Sol-
cherart beschleunigt, schrumpfte die Entzifferungszeit
einer Nachricht von mehreren Wochen auf ein paar Stunden zusammen.

Obschon das Colossus-Projekt über die Maßen erfolgreich, ja, letztlich kriegsentscheidend sein sollte, wurde
mit dem Ende des Krieges jede Erinnerung daran ausgelöscht. Denn damit die Maschinen nicht einer feindlichen kommunistischen Macht in die Hände fielen,

zerstörte man sie und entsorgte sie schließlich in stillgelegten Kohleminen. Alan Turing wiederum, der mit dem Orden des britischen Empire dekoriert, dem aber untersagt worden war, je über seine Arbeit zu sprechen, zog nach Manchester, wo er, als Direktor des ersten Computer-Laboratoriums des Landes, die Mittel erhielt, einen elektrischen Computer zu bauen. Damit begann jenes Herzensprojekt, das sein weiteres Leben begleiten sollte: der Entwurf einer künstlichen Intelligenz. Mochte es seiner Maschine versagt sein, in Schönheitswettbewerben zu glänzen, so ließ er dies nicht als Argument gegen die überlegene geistige Existenz gelten, die er erschaffen wollte und die er bereits in seinem Schreiben an Christophers Mutter thematisiert hatte: Warum können wir nicht als Geister miteinander leben und kommunizieren? Warum überhaupt besitzen wir einen Körper?

Befremdlicherweise aber war es genau dieser eigentlich überflüssige Körper, der Turing in ein Techtelmechtel mit einem jungen Mann hineinzog, das im Jahr 1954 noch als strafwürdiger Tatbestand galt. Anders als sein Lehrer Wittgenstein, der, wenn er einen sich prostituierenden Knaben sah, stets so schockiert war, dass er heimrannte und die Verführung (auf unbeholfen verschlüsselte Art) in seinem Notizbuch protokollierte, ging Turing vergleichsweise lässig damit um. Traf man sich ansonsten unter Brücken oder in Parks, hatte Turing den 19-jährigen Arnold Murray in einem Kino kennengelernt. Er hatte ihm von seiner Arbeit an einem »elektronischen

Gehirn« erzählt und ihn zum Dinner zu sich nach Hause geladen. Zwar erschien Murray nicht, aber als sie sich erneut trafen, verbrachten sie eine Nacht miteinander. Auf dem Teppich liegend erzählte ihm Turing von einem Traum, in dem ein Flugzeughangar vorkam, der in Wahrheit ein ausgelagertes Gehirn war. Jeder konnte gefahrlos dort hineingehen, nur Turing nicht. Betrat er ihn, schloss ihn dieser Raum ein und nötigte ihn zu einem Schachspiel auf Leben und Tod.

Ob Murray, der aus einem verwahrlosten Elternhaus stammte, Turings Träumen folgen konnte, ist zweifelhaft, sicher ist lediglich, dass er einen Hang zu Höherem hegte und sich durch Turings Bemühungen, ihn für die Welt der Wissenschaft zu begeistern, geschmeichelt fühlte. Und um diesen Eindruck nicht zu zerstreuen, sah er davon ab, ein Honorar für seine Dienste auszuhandeln. Stattdessen ließ er zum Abschied eine Zehn-Pfund-Note mitgehen, ein paar Schuhe und Turings geliebten Kompass. Natürlich entdeckte Turing den Diebstahl. Man stritt miteinander und Murray bekam einen Teil der Summe erlassen, beschloss aber, sich für die Demütigung zu rächen und teilte einem kriminellen Freund Turings Adresse mit. Dieser nutzte die Gelegenheit für einen Einbruch, und die Dinge nahmen ihren Lauf: Die Polizei kam und nahm Fingerabdrücke. Zugleich aber entdeckten die Kommissare eine Reihe von Magazinen, in denen Knaben freizügig posierten. Turing, der Murray im Verdacht hatte, die Magazine bei ihm deponiert zu haben, schrieb ihm einen Brief, in dem er kundtat, dass er jeden Verkehr mit ihm abbrechen wolle. Daraufhin erschien Murray auf der Schwelle seines Hauses, beteuerte seine Unschuld und landete, nachdem er von seinem Komplizen erzählt hatte, abermals im Bett seines Gönners. Diesmal allerdings nahm Turing seine Fingerabdrücke und übergab sie der Polizei. Doch da diese den Dieb bereits identifiziert hatte, stellte sich die Frage, welches Verhältnis Turing zu dem jungen Mann unterhielt. Turing gestand – und stand urplötzlich nicht mehr als Opfer eines Diebstahls, sondern als Angeklagter da. In einem Schreiben an seine Ex-Verlobte, in dem er die Ereignisse schilderte, gestand er, dass er nicht nur homosexuell sei, sondern dies gelegentlich auch praktiziere. Als es am 31. März 1952 zum Verfahren kam (die Königin vs. Turing), erhielt er vom Vorsitzenden Richter eine Bewährungsstrafe unter der Bedingung, dass er sich einer chemischen Kastration unterzöge. Turing wurde mit Östrogenen traktiert, die ihm Brüste wachsen ließen, begann an Depressionen zu leiden und suchte einen Psychoanalytiker auf. Die größte Demütigung bestand jedoch darin, dass all seine Verdienste um das englische Vaterland in Vergessenheit geraten zu sein schienen. Es war vergessen, dass Turing für die Entzifferung der Enigma-Maschine mit dem Orden des britischen Empire (OBE) ausgezeichnet worden war, vergessen, dass man es ihm verdankte, dass die Alliierten die Schlacht auf dem Atlantik für sich hatten entscheiden können, vergessen, dass hier ein Wissenschaftler von Rang und der Stolz der britischen Computerforschung stand. Urplötzlich war er zum Sicherheitsrisiko, ja, zu einer Gefahr für das Vaterland geworden.

Kurz vor seinem Tod kam es zu einer denkwürdigen Szene. Turing hatte mit seinem Therapeuten Greenbaum und dessen Frau einen Vergnügungspark in Blackpool besucht – und war der Verführung erlegen, die Dienste einer Wahrsagerin in Anspruch zu nehmen. Nach einer halben Stunde war er hervorgekommen, leichenblass und unwillig, auch nur ein Wort darüber zu verlieren. Dies war das Ende der Therapie. Am Tag vor seinem Selbstmord rief Turing noch einmal bei Greenbaum an, aber als dieser zurückrief, war Turing tot. Er lag auf dem Bett, mit Schaum vor dem Mund. Neben dem Bett ein angebissener Apfel, während im Nebenzimmer ein elektrolytisches Experiment vor sich hin brodelte.

Natürlich war dieser Schneewittchentod alles andere als ein Zufall. Schon 1938, als Turing Disneys Schneewittchenfilm zu sehen bekam, hatte ihn diese Szene tief berührt. Zweifellos sah er in der schlafenden Schönheit das Bild jener Intelligenz, die mit einem Kuss wieder zum Leben erweckt werden kann. Und ist der Computer nicht genau das? Ein gläserner Sarg, der die Dinge, die er ihres Körpers beraubt hat, wieder reanimiert? Weil der Körper der schlafenden Schönheit, der dort im gläsernen Sarg aufgebahrt liegt, dem sterblichen und hinfälligen Leib überlegen ist, versteht man, warum sich Turing mit solcher Hingabe dem Projekt einer künstlichen

Intelligenz gewidmet hat – und dies lange bevor man von einem computergesteuerten Roboter hätte träumen können. Es mache keinen Sinn, so Turing, einen Computer dafür zu bestrafen, dass er bei einem Schönheitswettbewerb nicht zu glänzen vermag, so wenig wie man einem Menschen vorhalten kann, bei einem Wettrennen gegen ein Flugzeug unterlegen zu sein. Ziel ist vielmehr, mit dem Computer jene höhere geistige Intelligenz zu erschaffen, von der Turing in den Schreiben an die Mutter seines Geliebten Christopher geträumt hat. Aber da dies nicht ex nihilo geschehen kann, gilt es zunächst einmal, eine »Kindsmaschine« zu schaffen, die durch Interaktion mit ihren Lehrern eine ausgewachsene, ja möglicherweise gar überlegene Intelligenz herausbildet. Wie aber lässt sich testen, ob eine solche Kindsmaschine über eine dem Menschen ebenbürtige Intelligenz verfügt? Turings Antwort, die als Turing-Test in die Geschichte eingegangen ist, ist ähnlich praktisch wie seine Lösung des Hilbert'schen Entscheidungsproblems. Denn gelingt es der Maschine, im Gespräch mit einem Menschen als Mensch eines bestimmten Geschlechts (!) zu erscheinen, so gilt der Computer als dem Menschen ebenbürtig. Und weil Turing überzeugt ist, dass diese Veredelung des Menschengeschlechts nur eine Frage der Zeit ist, kommen wir auf das Schneewittchen zurück, jenes Wesen, das viel zu schön ist, um in der schwarzen Erde versenkt zu werden.

Man sieht: Turings Modell der künstlichen Intelligenz ist weit mehr als ein Expertensystem, es entspricht dem Phantasma, das auch Ada Lovelace, die Braut der Wissenschaft, angetrieben hat: nämlich körperlos, als reines Zeichen leben zu können. In diesem Sinne ist die Wahl seiner Todesart kein persönliches, sondern ein kollektives Vermächtnis, eine Fantasie, die jeder zeitgenössische Transhumanist zu bezeugen bereit ist: die Vorstellung, dass uns und der Welt ein besseres Leben beschieden sein könnte – ein »Second Life«. Und wenn sie nicht gestorben sind ...

8

DER HEISSE KRIEGER

Als am 6. August 1945 der Pilz der Atombombe über dem Himmel von Hiroshima, wenig später über Nagasaki erschien, hätte niemand geglaubt, dass dieses Phänomen irgendetwas mit der Geschichte des Computers zu tun haben könnte. Weil der Zusammenhang bis heute gänzlich unterbelichtet ist, sehen wir in Vannevar Bush – dem »General der Physik«, wie ihn die *Times* titulierte – eine Art Dr. Strangelove: den Mann, der im Manhattan Project die Bombe zu lieben lernte.

Vannevar Bush, haben wir diesen Namen nicht schon einmal gehört? Nein, trotzdem hat er in unserer Geschichte schon eine Rolle gespielt. Denn Vannevar Bush war derjenige, der

den jungen Claude Shannon beauftragt hatte, sich um seine gigantische Rechenmaschine zu kümmern, die in den Räumen des MIT aufgebaut war – und die Shannon dazu veranlasste, die Boole'sche Logik auf elektrische Schaltkreise zu übertragen. Wie aber kommt ein Dekan der Ingenieurswissenschaft dazu, den Bau der Atombombe zu beaufsichtigen?

Eigentlich dürften wir, das Beispiel Turings vor Augen, diese Frage schon nicht mehr stellen. Die Wirren des Weltkriegs brachten es mit sich, dass Menschen sich plötzlich auf den merkwürdigsten Positionen wiederfanden. Im Falle Vannevar Bushs allerdings ist diese Frage umso berechtigter, weil ihn nicht der Zufall zur Atombombe geführt hat, sondern seine eigene Initiative. 1939 zum Präsidenten der *Carnegie Institution of Washington* gewählt, tauchte der Mann, der sein Leben lang kaum über Boston hinausgekommen war, vor dem Ausbruch des Kriegs in das Haifischbecken des Washingtoner Politikbetriebs ein. Als erste Maßnahme im neuen Amt verwandelte Bush das Institut in eine schlagkräftige Batterie, die sich der Förderung von Hard-Science-Projekten widmete. Da er über beste Kontakte in die Wissenschaft, aber auch zu Großunternehmen wie AT&T oder Bell Labs verfügte, bereitete ihm dies keine Probleme. Weit schwieriger indes war es, eine provinziell denkende Politikerschar (»langhaarige Idealisten und Gutmenschen«) davon zu überzeugen, den Kriegsschauplatz nicht auf dem Schlachtfeld, sondern in den Labors und den Köpfen höchst eigenbrötlerischer Eggheads zu verorten.

Dass es einem Zivilisten und politischen Nobody gelingen sollte, binnen Kurzem zum »Zar der amerikanischen Militärtechnologie« aufzusteigen – einem Zar, der über ein riesiges Forschungsbudget verfügte und von dem es hieß, er »könne den Krieg gewinnen oder verlieren« –, war eigentlich ein Ding der Unmöglichkeit. Dennoch dauerte es keine zwei Jahre, bis Bush auch Washington für sich erobert hatte. Dass ihm dies gelang, war Resultat eines persönlichen Blitzkriegs, den Bush dem deutschen Beispiel nachfolgen ließ. Anstatt sich mit zweitklassigen Apparatschiks aufzuhalten, erreichte er es, über die Vermittlung von Frederic Delano, Onkel von Franklin Delano Roosevelt, fünfzehn Minuten lang mit dem Präsidenten zu sprechen. Dabei legte Bush den Plan einer nationalen Forschungsagentur vor. Roosevelt, der Bushs Besorgnis über die militärische Rückständigkeit der USA teilte, bejahte seinen Plan auf einer Serviette: »OK FDR«. Damit war Vannevar Bush zum Leiter des *Office of Research and Development* ernannt, einer 1-Mann-Armee, die dem Präsidenten direkt unterstellt und keiner weiteren Behörde rechenschaftspflichtig war. Für die Militärs war dieser knorrige Wissenschaftskrieger eine höchst befremdliche Erscheinung. Dass er sich zur Entspannung im Potomac Bogenschützen-Club vergnügte und in der Pfeil-und-Bogen-Technik des 14. Jahrhunderts Zerstreuung suchte, war ebenso sonderbar wie der

Umstand, dass er – obsessiver Erfinder, der er war – seine Vereinskollegen sogleich mit einem verbesserten Bogen beglückte.

Was man allerdings nicht ignorieren konnte, waren die Resultate, die Bush vorzuweisen hatte. Das erste Gebiet, auf dem er dies eindrucksvoll bewies, war das Radar. Waren die deutschen U-Boote anfangs so überlegen, dass sie nach dem Kriegseintritt der Amerikaner binnen Monatsfrist gleich 107 Schiffe versenkten, gelang es dem von Bush beauftragten Labor, die Verluste binnen weniger Monate auf ein Zehntel dieser Zahl zu begrenzen. Nachdem mit der neu erworbenen Radartechnik ein Gleichgewicht im U-Boot-Krieg hergestellt war, entwickelte man als zweite, nicht minder wirkmächtige Innovation den funkgesteuerten Abstandszünder. Mit diesem Gerät ließ sich die Sprengkraft der amerikanischen Bomben steigern, und zwar indem die Bombe, mittels eines eingebauten Sensors, automatisch immer dann gezündet wurde, wenn ihre Wirkung am verheerendsten war.

Mit dieser Wunderwaffe hatten die Amerikaner dem deutschen Marschflugkörper VI etwas entgegenzusetzen. Zum großen Erstaunen der Militärs waren die Beiträge der Wissenschaftler sehr viel wirksamer als gedacht, ja, sah nun auch der begriffsstutzigste Militär oder Provinzpolitiker ein, dass die Aktivitäten der von Vannevar

Bush geleiteten Egghead-Armee einen kriegsentscheidenden Faktor darstellten, einen Faktor zudem, der auf wundersame Weise die langanhaltende Depression der 30er-Jahre beendete. So kam es zur Entstehung des sogenannten militärisch-industriellen Komplexes (der als Zusammenspiel von Militär, Industrie und Universität eine Praxis markierte, die in der Vorkriegszeit unerhört, wenn nicht undenkbar gewesen war).

Weil alles, was Bush vorschlug, realisiert wurde, war es auch keine Frage, dass man nur ihn (gemeinsam mit dem General Leslie Groves) mit dem hochgeheimen Manhattan Project, also dem Bau der Atombombe, betrauen konnte. Dazu wurden Tausende von Wissenschaftlern im Nirgendwo New Mexicos zusammengezogen. Obwohl Bush dem »Uran-Kopfschmerz« nicht sonderlich wohlwollend gegenüberstand, bewies er auch hier jene gnadenlose Effizienz, die allein an konkreten Lösungen interessiert war. Wenn Hiroshima mit der Macht des Gedankens, einem Geistesblitz, dem Erdboden gleichgemacht wurde, so lässt das blendende Licht der Atombombenexplosion einen Zusammenhang hervortreten, der in unserer Geschichte der Digitalisierung eine große Rolle gespielt hat: die Wechselwirkung von Energie und Information. Denn vor diesem Hintergrund ist auch die Atombombe ein »Betrug an der Natur«, eine Überlistung der materiellen Welt, die nur aufgrund des Zusammenspiels Abertausender Wissenschaftler Wirklichkeit werden konnte. Was im 19. Jahrhundert nur ein

Gedankenexperiment war (Maxwells Dämon, als informationsverarbeitende Maschine begriffen), hat im Wissenschaftlerkollektiv in Los Alamos eine Realisierung gefunden.

Es ist kein Zufall, dass mit Vannevar Bush ein Computerpionier dieses Projekt beaufsichtigt hat. Nur ein paar Tage nach dem geglückten Trinity-Test in Nevada, der ersten Zündung einer Atombombe, veröffentlichte Bush einen Aufsatz in einer viel gelesenen Zeitschrift, in dem er darüber spekulierte, wie die Wissenschaftler in Zukunft denken werden.

Vannevar Bushs »As We May Think« beschreibt eine Maschine, in der wir zum ersten Mal so etwas wie unseren modernen Desktop-Computer erkennen können.

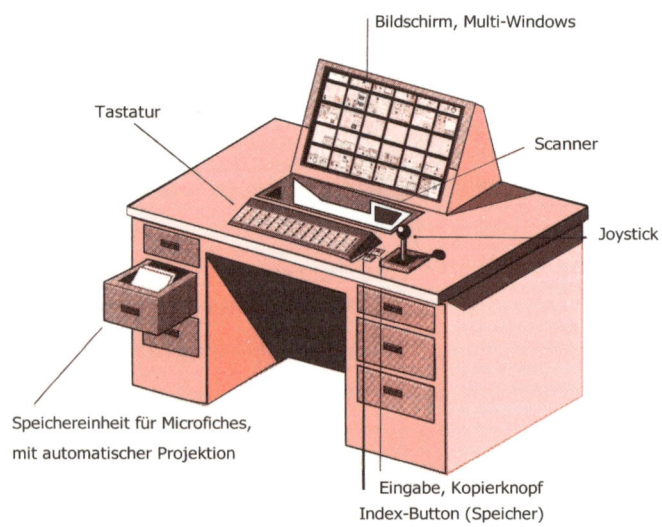

Bildschirm, Multi-Windows

Tastatur

Scanner

Joystick

Speichereinheit für Microfiches, mit automatischer Projektion

Eingabe, Kopierknopf
Index-Button (Speicher)

Da gibt es einen Monitor, der Zugriff auf mehrere Fenster ermöglicht (in denen wiederum ein Mikrofiche, die verkleinerte Fotografie eines analogen Dokuments, erscheint). Mithilfe eines Joysticks kann der Nutzer zwischen den verschiedenen Dokumenten hin- und herspringen, in einem Dokument den Ausschnitt vergrößern, verkleinern oder zur nächsten Seite voranschreiten. Die Tastatur dient dazu, ein Dokument mit Anmerkungen zu versehen; mit dem Index-Button wiederum kann der Nutzer ein Dokument auf eine persönliche Merkliste setzen. Will der Nutzer ein eigenes Dokument in das System einspeisen, hat er einen Scanner vor sich, der das Papier abfotografiert und zu einem Mikrofiche verwandelt. Die verfügbaren Mikrofiches wiederum sind in einer Schublade verstaut, die, da an den Projektor angeschlossen, als eine Art Massenspeicher anzusehen ist.

Weit wichtiger aber als die individuelle Zugriffsmöglichkeit ist der soziale Aspekt: die Synchronisierung des Wissens in einer gemeinsamen, allseits verfügbaren Weltintelligenz. Tatsächlich ist Bushs imaginärer Computer die Essenz jener kollektiven Anstrengung, welche die Wissenschaftler des Manhattan Project zur Bombe geführt hat: eine kollektive Wissensmaschine, bei der alle Beteiligten Zugriff auf die Erkenntnisse der anderen haben. Man könnte sagen: In dem Maße, in dem das Denken tief und tiefer in die Materie eindringt, gilt es, das verstreute Wissen wieder zu bündeln. Insofern bringt die Erzeugung der Bombe die Notwendigkeit einer Verdichtungslogik mit sich, eine Weltintelligenz, die die notwendige Spezialisierung überbrückt. Lange bevor der Begriff der »Informationsgesellschaft« die Köpfe erobert, ist selbige in Bushs imaginärer Maschine bereits vorhanden.

Freilich ist diese Apparatur nicht Ausfluss einer überschießenden Science-Fiction-Fantasie, sondern lediglich das ins Maschinelle übersetzte Kommunikationsmodell des Manhattan Project. Genau in diesem sozialen Moment liegt der Kern von Bushs Computermodell. War die große Rechenmaschine, die er in den 30er-Jahren für das MIT entwickelt hatte, eine in den Elektromagnetismus übersetzte Variation von Babbages Analytischer Maschine, so zielt das »Memex-Modell« auf eine Wissensmaschinerie ab – und nimmt in diesem Sinn das Internet vorweg. Memex steht für Memory Extension, das heißt: Gedächtniserweiterung. Zerfällt das Weltwissen, der Spezialisierung gemäß, in immer kleinere Brocken (und spiegelt insofern jene Vernichtungslogik, die in der Atombombe Gestalt angenommen hat), bewirkt die Memex-Apparatur, dass der Einzelne noch immer Zugriff auf den gesamten Wissenskorpus erhält. Auf diese Weise steht der Zersplitterung des Weltwissens eine neue Ordnung entgegen, realisiert die Maschine, wofür die *res publica* stets nur im metaphorischen Sinne stand: gemeinsame Sache.

9

WAR GAMES

Es muss Ende der 90er-Jahre gewesen sein, jedenfalls war mein Sohn noch auf der Waldorfschule und des Lesens kaum mächtig, als ich ihn mit einem Freund vor dem Computermonitor sitzen sah: rotwangig und aufgeregt und so sehr in der Welt des Siedler-Spiels versunken, dass die beiden meine Anwesenheit gar nicht bemerkten. Während die lustigen kleinen Figuren, die Holzfälleraxt über der Schulter, über den Bildschirm huschten, gellte plötzlich ein Kinderschrei durch den Raum: »Pass auf! Produktivität geht hoch: 90 Prozent!« Und während ich darüber nachdachte, mit welchem Schrei die Eurythmielehrerin diese Szene wohl kommentiert hätte, kam mir in den Sinn, dass das, was in den Köpfen dieser beiden achtjährigen Pioniere gerade vor sich ging, in den 60er-Jahren die Speerspitze des Fortschritts dargestellt hatte, nun aber, auf unerklärliche Weise, zum Kinderspiel mutiert war. Man könnte gar behaupten, dass sich die digitale Revolution nicht so sehr gesellschaftlichen Visionären verdankt, sondern im Kinderzimmer ihren Ausgang genommen hat. Hier – und nicht in den Kaderschmieden unserer Eliten – haben die Visionäre der Simulation ihre Ausbildung durchlaufen, zumeist in Gestalt diverser Strategiespiele (SimCity, Die Sims, Age of Empires oder Civilization). Woher aber kommen all diese Spielkonzepte, bei denen es darum geht, ein Wirtschaftssystem zum Erblühen zu bringen? Als der Spieleentwickler und SimCity-Erfinder Will Wright in den 80er-Jahren das Konzept einer Wirtschaftssimulation zu verkaufen versuchte, stieß er auf ein geradezu lärmendes Schweigen. Was sollte das für ein Spiel sein, in dem es weder eine Rahmenhandlung gibt noch eine Belohnung, und in dem der Spieler nicht einmal Gelegenheit hat, einen virtuellen Gegner zu beseitigen?

Tatsächlich war, was den Spieleentwickler auf die Idee des Strategiespiels gebracht hatte, gar nicht in der Welt der Spiele, sondern im Kopf des Ökonomen Jay W. Forrester beheimatet, dessen Denken in Gestalt von Computersimulationen eine dunkle Faszinationskraft entfaltet hatte. Jedoch hatte auch Forrester nicht von vorneherein Simulationen im Sinn gehabt, sondern war gewissermaßen zufällig in diese Welt hineingestolpert. In einer jener merkwürdigen Volten, die unsere Computergeschichte verlässlich auszeichnet, geht der Weg über eine Kriegstechnologie, die sich in der Nachkriegszeit in Gestalt eines Luftüberwachungssystems niederschlug. Und Jay Forrester wiederum kommt das Verdienst zu, das größte je gebaute Computer-Monster in die Welt entlassen zu haben. Nur dass er (um es in den Worten meines Sohnes zu sagen) anschließend die *First Person View* des Akteurs jener Perspektive geopfert hatte, bei der der Schöpfer, eher staunend, seinen eigenen Geschöpfen bei ihren Aktivitäten zuschaut.

Aber gehen wir, um diese merkwürdige Wendung zu verstehen, an den Anfang der Geschichte zurück. Forrester wurde 1918 in Anselmo, Nebraska geboren, einem 300-Seelen-Nest, das noch heute so aussieht, als habe man versucht, eine Eisenbahnlinie zu besiedeln. Seine Eltern, die sich als Viehzüchter betätigten, lebten auf einer Farm. Da sie von Haus aus Lehrer waren, war ihr Hof in der Einöde ein Hort der Kultur. Stand der kulturelle, auch moralische Anspruch der Eltern im starken Kontrast zu den Plackereien des Alltags, begann schon der kleine Jay über praktische Lebenserleichterungen nachzudenken. Bereits als Neunjähriger fuhr er das Model-T der Familie, wenig später den Traktor. Und weil er die Maschine nicht bloß bedienen, sondern beherrschen wollte, wusste er sie sehr bald auch zu reparieren. In einer Umkehrung des häuslichen Lehrer-Schüler-Verhältnisses diente der Vater als Assistent, während der frühreife Erfinder auf weitere Verbesserungen sann: eine Mähmaschine beispielsweise, die das Heu an einer bestimmten Stelle ablegen konnte. Begeistert von den Möglichkeiten der Elektrizität, trieb er sich eine Weile auf Autoschrottplätzen herum, bis er genug Material beisammen hatte, um eine elektrische Fliegenfalle zu bauen sowie eine Teslaspule, die Blitze generierte. Von derlei Erfolgen ermutigt, baute der Schüler ein windgetriebenes elektrisches 12-Volt-System aus alten Autoteilen und besorgte auf diese Weise die Stromversorgung des Hauses. Mit dem elektrischen Licht kamen auch andere Annehmlichkeiten hinzu, wie eine Waschmaschine oder ein selbst gebautes Schweißgerät.

Als Jay 1933 die Weltausstellung in Chicago besuchte, war ihm klar, dass die bäuerliche Siedlungsweise seinen weitgespannten Interessen nicht mehr genügte, dass seine Motivation vielmehr darin bestand, »vorzuführen, dass man Unmögliches tun könne – oder jedenfalls das, was andere für unmöglich hielten«. Dieser Neigung folgend, schrieb er sich statt für ein landwirtschaftliches Studium für ein Ingenieursstudium ein. Nach seinem Bachelor ging er ans MIT, wo ihn Gordon Stanley Brown mit Servosteuerungen und Feedbackmechanismen bekannt machte. Als überaus fähiger, vor allem risikobewusster Ingenieur wurde Forrester 1944 Leiter einer Arbeitsgruppe, die unter dem Titel »Whirlwind« einen

Flugsimulator entwickeln sollte. Hatte man am Anfang noch ein analoges Design im Kopf, ging es sehr bald darum, einen digitalen Computer zu bauen. Als Speichereinheit nutzte man Vakuumröhren.

Um eine einziges 16-bit-Variable zu speichern, bedurfte es eines Racks, das 3,35 Meter hoch und einen halben Meter breit war. Der Computer, der 5000 dieser Regale benötigte, wurde darüber so groß, dass man regelrecht in ihn einsteigen musste. So ehrfurchtgebietend war dieses Monster, dass Ken Olsen (ein Student Forresters und der spätere Firmengründer des Computerherstellers DEC) eine ganze Nacht darin verbrachte, nur um das Summen der Vakuumröhren zu hören. Weil diese Inspiration ein Leben lang anhielt, wurde das modulare Design der Maschine zum Vorbild aller folgenden Mikrocomputergenerationen.

Nachdem der Whirlwind-Computer 1952 fertiggestellt

war und in Betrieb gehen konnte, übernahm Forrester die Leitung der Computerabteilung für das *Lincoln Laboratory*, das aus dem Whirlwind-Projekt hervorgegangen war und nun die Aufgabe zugewiesen bekam, das halb automatische Luftüberwachungssystem SAGE zu entwickeln. SAGE hatte die Aufgabe, den amerikanischen Luftraum vor sowjetischen Flugkörpern zu schützen. Kaum 34-jährig, war Forrester zum Leiter eines der größten (und ebenso geheimen) militärischen Forschungsvorhaben der Zeit avanciert. Dabei kommandierte Forrester nicht nur 175 Mitarbeiter, sondern verfügte über ein beträchtliches Budget, das ihm erlaubte, bestimmte Aufgaben an externe Firmen (wie IBM, AT&T oder Western Electric) auszugliedern. Hatte der Whirlwind-Computer schon beträchtliche Ausmaße, so war das Flugüberwachungssystem, das bis 1983 betrieben wurde, noch deutlich größer: ein gigantischer Komplex, der aus 35 Kontrollzentren bestand, die sich über vier Stockwerke erstreckten und jeweils 40 Quadratmeter groß waren. 275 Tonnen schwer, mit 80 000 Vakuumröhren bestückt, stellte das Überwachungssystem das raumforderndste und energiehungrigste System dar, das bis dahin errichtet worden war.

Zwar hatte Forrester damit ein riesenhaftes Forschungsvorhaben realisiert, dennoch nahm seine Karriere im Jahr 1956 eine überraschende Wendung. Urplötzlich nämlich verwandelte sich der Erfinder und Ingenieur in einen Professor, der an der Sloan School of Management zu lehren begann. Wie nicht anders zu erwarten, entfremdete ihn diese Metamorphose der Zunft der Ingenieure. Folglich konnte es passieren, dass, wenn er bei einer Computer-Konferenz zu seinem neuen Forschungsgebiet vortrug, das Gegenüber bei der Nennung seines Namens stutzte und fragte, ob er der Sohn *des* Jay Forrester sei, der die Ringkernmagnetspeichertechnik erfunden habe.

In seiner eigenen Perspektive jedoch war die Fragestellung, der Forrester von nun an nachging, nur die Fortschreibung seiner bisherigen Erfahrungen. Statt die materiellen Komponenten einer Maschine zu untersuchen, nahm er ihre geistigen Komponenten in den Blick; all die Aspekte, die bei der Planung eines Prozesses eine Rolle spielten – die »mentale Datenbank«, wie er dies nannte. Schon bei der Organisation des Luftüberwachungssystems hatten ihn Management- und Planungsfragen intensiv beschäftigt. Mitarbeiter der Western Electric hatten ihm von rätselhaften Unregelmäßigkeiten berichtet, denen bestimmte Produktionsstätten unterlagen. In diesen sogenannten »Schweinezyklen« passierte es regelmäßig, dass die Anlage zu bestimmten Stoßzeiten unter der Arbeitslast fast zusammenbrach, während sie dann über Monate hinweg zu wenig ausgelastet war. Nach intensiven Gesprächen mit den Verantwortlichen begann Forrester, noch mit Stift und Papier, die Entscheidungsgrundlagen der Akteure nachzuzeichnen. Am Anfang stand dabei eine Tabelle, in der die Inventare, die Angestellten und die Auftragseingänge verzeichnet waren – und welche Folge die gegebene Konstellation (als Entscheidungsgrundlage) auf das Gesamtsystem hatte. Als jemand, der mit Feedbackmechanismen begonnen hatte, fiel Forrester sogleich auf, dass die Ausschläge des Systems (eine übermäßige Drosselung oder Steigerung der Produktion) nichts weiter als sich selbst verstärkende Feedbackmechanismen darstellten – wie überhaupt viele Geschäftsprozesse als Form der psychologischen Überreaktion gedeutet werden konnten. Die Erkenntnis, dass diese Ausschläge, die die Beteiligten externen Einflüssen zuschrieben, in Wahrheit auf menschliche Fehleinschätzungen zurückgingen, war die Geburtsstunde der *System Dynamics*, die Forrester erstmals in einem Artikel im Jahr 1958 vorstellte. Was verbirgt sich hinter der Bezeichnung *System Dynamics*? Da hier von einem System die Rede ist, könnte man geneigt sein, einen wundersamen Algorithmus zu vermuten, strenggenommen aber beschränkt sich Forresters Modell auf die »mentale Datenbank«: ein System, bei dem die Erwartungen und die Entscheidungen der Menschen notiert und über einen längeren Zeitraum verfolgt werden.

Eines der ersten Beispiele, das Forrester erarbeitete, betraf die Lagerhaltung eines Getränkehändlers. Was macht der Leiter eines Getränkemarkts, der alle vier Wochen auf den Lastwagenfahrer des Großhandels trifft, der ihm die letzte Bestellung aushändigt? Er nimmt die Lieferung entgegen und übergibt ihm die Bestellung für die kommenden vier Wochen – die auf nichts anderem beruhen kann als einer Schätzung, welche sich aus dem Umsatz der vergangenen Wochen herleitet. Es gibt also genau zwei Größen: das, was der Händler geliefert bekommt (einen Input) und eine Bestellung (einen Output). Das Gleiche gilt für den Großhändler ebenso wie für die Kunden. Forresters Kunstgriff bestand nun darin, diese Erwartungen zum Gegenstand eines berechenbaren Zukunftsmodells, also einer Computersimulation, zu machen. Nach dieser theoretischen Grundlegung kam, in Gestalt von Dick Bennett, ein Programmierer hinzu, der eine Software entwarf, mit der sich die Entwicklung eines solchen Modells durchkalkulieren ließ.

Hatte Forrester zunächst die Lagerhaltung einer Bierbrauerei untersucht, wandte er sich, inspiriert von seinem Büronachbarn am MIT, einem ehemaligen Bürgermeister Bostons, Fragen der Stadtplanung zu. Dem schönen Bonmot De Maistres folgend, nach dem der Weg zur Hölle mit guten Vorsätzen gepflastert ist, zeigte die Analyse, dass die urbanistischen Interventionen in Boston durchweg negative Folgen hatten, ja, dass gerade der soziale Wohnungsbau denjenigen, denen er helfen sollte, am abträglichsten war. In dem Maße nämlich, in dem staatlich subventionierte Wohnblöcke errichtet wurden, verschwanden die Jobs, entstanden umgekehrt Ghettos, welche den Zugang zum Arbeitsmarkt deutlich erschwerten. Weil die mit großem Aplomb gefeierten politischen Interventionen sich als die Krankheit erwiesen, für deren Therapie sie sich hielten, zogen Forresters Ergebnisse den Unmut aller Parteien auf sich. So stürmte ein Kollege aus der Sozialwissenschaft in sein Büro und erklärte, ihm sei schnurzpiepegal, ob Forrester recht habe oder falsch liege, seine Resultate seien in jedem Fall inakzeptabel. Tatsächlich berühren die *System Dynamics* einen wunden Punkt, der in Planungsprozessen selten thematisiert wird: den Umstand, dass der Umgang selbst mit einer überschaubaren Menge miteinander interagierender Variablen den menschlichen Verstand überfordert, ja, dass er eine labyrinthische Geistesverwirrung erzeugt, in der Ursache und Wirkung nicht selten miteinander verwechselt werden. Er selbst, so Forrester, habe schon manchen Studenten gesehen, der bei der Analyse eines simplen Feedbackmechanismus', dem Füllen eines Glases durch Aufdrehen eines Wasserhahns, bei gleichzeitiger Beobachtung des Wasserpegels, zu der Schlussfolgerung gekommen sei, dass das Glas das Wasser aus der Leitung geradezu ansauge.

Waren bereits Forresters *Urban Dynamics* ein großer Erfolg, so sprengten die Verkaufszahlen der *World Dynamics*

(das 1971 in einem eher unbedeutenden Verlag publiziert wurde) alle Grenzen. Forrester selbst hatte damit gerechnet, dass die komplizierten Fragen, die er behandelte, das Interesse von einhundert, vielleicht zweihundert Ökonomen erregen würden. Urplötzlich aber waren die Computersimulationen der System Dynamics, mit denen der Club of Rome die »Grenzen des Wachstums« markierte, in aller Munde – begriff eine staunende, durch stetes Wachstum verwöhnte Öffentlichkeit, dass die Ressourcen unseres Planeten endlich sind. Nahm hier der Nachhaltigkeitsdiskurs unserer Tage seinen Anfang, wurde die grundlegendere und sehr viel subversivere Frage nach der Planbarkeit der modernen Gesellschaft überblendet. Und so entwickelte sich der unerhörte Erfolg der System Dynamics zu ihrem größten Problem. Denn während die Simulationen, im analytischen Sinne eingesetzt, vor allem die blinden Flecken der Planer hervortreten ließen, war die Verführung, den kybernetisch denkenden Sozialingenieur zum Pionier eines neuen, technizistischen Politikverständnisses werden zu lassen, doch allzu groß. Insofern erlitt Forresters kritische Methode das Schicksal ihres Forschungsgegenstandes: Nun erschien *sie* als die Krankheit, als deren Therapie sie sich ausgab.

Forrester selbst war sich dieses Dilemmas durchaus bewusst. Nicht nur, dass ihm die praktische Arbeit im Vorstand der DEC deutlich machte, auf welche Widerstände seine Simulationstechniken im Kreise der Kollegen trafen, darüber hinaus wurde ihm klar, dass ein Zuviel an Information, genauer: ein Overkill an unverstandener, folglich kontaminierter Information, das größte Übel darstellte. In dem Maße, in dem der Entscheidungsprozess an die Simulation delegiert wurde, schwand die Wahrnehmung der realen Probleme – betrat jene Ökonomie des Imaginären die Bühne, die seit den 70er-Jahren die Finanzmärkte beherrscht: Taschenspielertricks, Blasen- und Scheinproduktion, der Schweinezyklus als Geschäfts- und Gesellschaftsmodell.

Aber ist der Ansatz der *System Dynamics* deswegen gescheitert? Man muss sich nur anhören, wie der fast 100-jährige Forrester die Gleichgewichtsmodelle der Ökonomieprofessoren als hoffnungslos antiquiertes Denken zergliedert, um zu begreifen, dass hier Denkfiguren schlummern, deren Bedeutung für unsere Welt noch gar nicht erfasst ist. In gewisser Hinsicht lassen sie selbst das Ingenieursdenken ihres Gründers hinter sich. Denn zuallererst sind die *System Dynamics* eine Kränkung – die Erkenntnis, dass unsere gesellschaftlichen Systeme psychologischer Natur sind, irrational und wankelmütig, und dass vieles von dem, was unsere Individualität zu schmücken scheint, nichts weiter ist als Lemmingsverhalten.

Indes liegt der Kern dieses Paradoxes nicht in der Methode, sondern vielmehr in jenen nachgerade an Zauberglauben grenzenden Gefühlen, die wir unserer Computerwelt entgegenbringen. Denn nur weil wir der Vorstellung erliegen, mit überlegener Planungshoheit gesegnet zu sein, verlieren wir uns im Labyrinth der eigenen Wünsche. Begreift man die Simulation hingegen als die gründlichste Zergliederung der eigenen Wünsche und Annahmen, können sich die verschiedenen Szenarien als Möglichkeitssinn entfalten, lassen sich verschiedene Weltzustände durchspielen. Dabei souffliert die Simulationstechnik weniger dem Größenwahn, als dass sie vielmehr die Grenzen des Verstandes verdeutlicht. Das ist die erste Einsicht, die mit der Revolution im Kinderzimmer beginnt: dass das Kind, das in der Gottesperspektive über seiner Welt thront, sich plötzlich mit den chaotischen Folgen seiner eigenen Entscheidungen konfrontiert sieht. Deswegen gellt der Schreckensschrei des Achtjährigen durch den Raum: »Produktivität geht runter, 70 Prozent!«.

Versucht man den Beitrag Jay Forresters zu unserer Computerwelt herauszuarbeiten, ist evident, dass seine technischen Neuerungen, auch wenn sie für die Zeit prägend waren (das Luftüberwachungssystem SAGE war immerhin bis 1983 in Betrieb), es nicht mit der Bedeutung der von ihm begründeten Computersimulation aufnehmen können. Damit wiederholt sich die Bedeutungsverschiebung, die wir im Kapitel über Vannevar Bush haben beobachten können: weg von der Materie, hin zur Informationsverarbeitung. Zielte die Memex-Apparatur auf eine soziale Gedächtniserweiterungsmaßnahme ab, läuft Forresters *System Dynamics* auf eine Denk- und Entscheidungshilfe hinaus und darauf, dass sich die Planer über ihre eigenen Annahmen klarwerden und sie einer genauen Analyse unterziehen. Dabei ist die tiefste Einsicht, dass sich die Welt nicht mehr als Gleichgewicht fassen lässt, sondern dass man es mit dynamischen Systemen zu tun hat, die sich auf unvorhergesehene Weise entwickeln können. Und weil sich die Gestaltung der Wirklichkeit nicht mehr auf Zuruf, *par ordre du Mufti*, bewerkstelligen lässt, bedarf es der Computersimulation – nicht weil Computer intelligenter oder klüger wären als ihre menschlichen Nutzer, sondern weil sich die Menschen, über die Erarbeitung eines Computermodells, ihres eigenen Weltbilds bewusst werden.

10

VON DEN ZWERGEN
DES SILICON VALLEY

Weil wir in unserer kleinen Geschichte schon einer Reihe von merkwürdigen Menschen begegnet sind, sollte uns nichts mehr wundern. Das heißt aber nicht, dass wir aufhören sollten, Fragen zu stellen. Zum Beispiel: Wie kommt es, dass die Geschichte, die bisher in Europa und an der amerikanischen Ostküste gespielt hat, uns nun ins Silicon Valley verschlägt? Und was haben Schneewittchen und die sieben Zwerge hier verloren? Dabei geht es im Folgenden weniger um vergiftete Äpfel als vielmehr um die Zwerge, die, wie wir wissen, allesamt im Bergbau beschäftigt sind. Dies legt einen ansonsten leicht vergessenen Zusammenhang nahe: nämlich dass Teamwork irgendetwas mit Schrumpfung zu tun hat. Tatsächlich haben schon die Ungetüme der Frühzeit, der Colossus oder das SAGE-Luftüberwachungsprojekt, die

Frage aufgeworfen: Wie lässt sich solch ein feuerspeisendes, energiehungriges Monster zähmen? Wie kann man einen Computer verkleinern, und zwar so, dass er noch zuverlässiger und besser funktioniert als bislang? Ganz offenkundig ist die Schrumpfkur geglückt, denn ansonsten müssten unsere heutigen Computer kathedralengroße Bauwerke sein. Die erfolgreiche Schrumpfung ist vor allem jener neuen Disziplin zu verdanken, die man als Nanophysik bezeichnet – wobei Nano sich vom Zwerg herleitet. Bezeichnenderweise war der Mann, der die Verzwergung des Computers weiter vorangetrieben hat, nicht nur das Kind zweier Bergbauingenieure, sondern zugleich derjenige, der unsere Geschichte hinter die sieben Berge, also ins spätere Silicon Valley, bugsiert. Dies war der Ort, an dem er seine Kindheit verbracht hatte. Noch seine Mutter hatte hier, mit einem Gewehr bewaffnet, mit ihrem Vater nach Gold geschürft – bevor sie die erste weibliche Minenaufseherin wurde. Es ist nicht ganz klar, ob William Bradford Shockley (1910-1989) ein angenehmer Zeitgenosse gewesen ist. Als er 1989 starb, blieb er weniger als grandioser Physiker denn als verschrobener Wissenschaftler in Erinnerung: der Mann, der als erster Spender für eine Samenbank in Erscheinung getreten war, das Schreckgespenst einer allgemeinen Gesellschaftsverblödung an die Wand gemalt und Schwarze für erblich minderbemittelt erklärt hatte. Wenn wir ihn trotzdem nicht in den Orkus des Vergessens fallen lassen wollen, so weil er mit dem Transistor entscheidend an der Verzwergung des Computers beteiligt war und dann, mit der Gründung der *Shockley Semiconductor Laboratories* in Mountain View, das Zentrum des Silicon Valley begründet hat. Dass es ihn von der Ostküste nach Kalifornien zog, hatte einen simplen Grund: Er wollte seiner kranken Mutter nahe sein. In gewisser Hinsicht aber war dieser Umzug auch eine Art Flucht, denn es ging ihm eine Geschichte dreier Männer voraus, die mehr oder minder gemeinsam den Transistor erfunden, sich aber über ihre Anteile daran zerstritten hatten.

Warum ist der Transistor so wichtig? Und was spielt das Silizium dabei für eine Rolle? Erinnern wir uns an die »Lines of Communication«, die uns schon bei der Entdeckung der Elektrizität im 18. Jahrhundert beschäftigt haben und die mit der Telegrafie, der Telefonie und dem Radio eine mächtige Realisierung erfuhren. Je länger die elektrischen Leitungen wurden, desto mehr schwächte sich das Audiosignal ab und ging zunehmend im Rauschen der Leitung unter – weswegen im Jahr 1912 der längste Telefonweg auf dem amerikanischen Kontinent nur von New York bis Denver reichte. Als Lösung dieses Problems erwies sich die Vakuumröhre, die, in regelmäßigen Abständen eingesetzt, das Signal verstärkte und so die Überlandtelefonie ermöglichte. Dank ihrer konnte sich schon Mitte der Zwanzigerjahre ein riesiges Spinnennetz aus Telefonleitungen über die Welt spannen, konnten andererseits Radiowellen, von Vakuumröhren verstärkt, in die entferntesten Winkel eines Landes geschickt werden.

Weil Vakuumröhren jedoch Energiefresser sind und darüber hinaus eine begrenzte Lebensdauer haben, wurde der Wunsch nach einer Alternative laut. In diesem Zusammenhang fiel der Blick auf das 1807 von Humphry Davy entdeckte Silizium, das sich in der Radiotechnik bereits als Signalempfänger und Verstärker bewährt hatte. Zwar funktionierte die Verstärkung – nur verstand niemand die Wirkungsweise des rätselhaften Elements, das weder zu den leitenden noch zu den nichtleitenden (also den isolierenden) Stoffen gehört. Andererseits schien der Zwittercharakter dieses Halbleiters ein besonderer Vorteil. Denn damit war ein Schalter vorstellbar, der den Strom, je nachdem, durchließ oder blockierte.

Oder allgemeiner gesagt: ein Bauelement, das der binären Logik gemäß zwei Zustände annehmen und somit an die Stelle der klassischen Lochkarte würde treten können. Für die Telefongesellschaften war ein solcher Automatismus schon deswegen vielversprechend, weil er das Fräulein vom Amt, das die Verbindungen manuell steckte, durch eine automatische Schaltung ersetzte – eine Maßnahme, die auf lange Sicht unvermeidlich erschien. Denn man hatte errechnet, dass, wenn der Telefonverkehr wüchse wie gehabt, jede zweite amerikanische Frau als Telefonistin tätig sein müsste.

Aus diesen Gründen rief AT&T, die führende amerikanische Telefongesellschaft, die *Bell Laboratories* ins Leben – eine Forschungseinrichtung, in der die hellsten Köpfe des Landes versammelt werden sollten mit dem Auftrag, die Armada der Telefonistinnen durch ein »Schrumpforgan« zu substituieren. Womit wiederum das Silizium, dieses sonderbare Zwitterwesen, ins Spiel kommt. Visualisiert könnten wir uns das Silizium-Atom als einen kleinen vierhändigen Mönch vorstellen. Dabei sollen die vier Extremitäten dieses Kopffüßlers für die Elektronen stehen.

Si

Nun steht das Atom nicht allein in der Gegend herum, sondern bildet mit seinesgleichen eine Art Gitter – oder bildlich gesprochen: Unsere Mönche halten sich gegenseitig an ihren vier Händen.

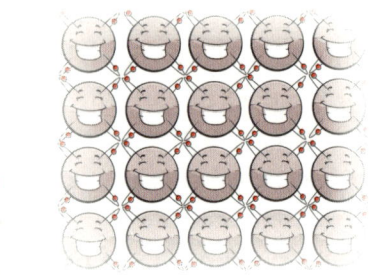

Was passiert nun, wenn man in diese Mönchsformation einen Fremdkörper einschleust? Wenn man ein Silizium-Atom dopt, ihm also eine gewisse Dosis eines anderen Atoms zugibt, kann man das Verhalten des Siliziums steuern. Fügt man der Gruppe ein fünfwertiges Atom hinzu (beispielsweise Phosphor), wird ein Elektron freigesetzt – und es kommt zur sogenannten n-Dotierung: einer Änderung der Ladung von Minus nach Plus.

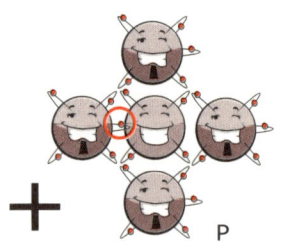

Gibt man der Silizium-Gruppe ein dreiwertiges Atom zu (wie Aluminium, Arsen oder Bor), entsteht ein Loch – wird ein Zustandswechsel von Plus nach Minus bewirkt.

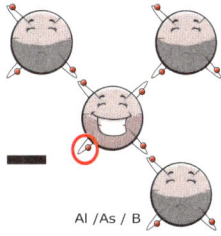

Al /As / B

Auf diese Weise lässt sich das gesamte Feld sozusagen »umpolen« – und dies wiederum bedeutet, dass sich die Ladung eines Transistors nach Belieben steuern lässt.

So weit die Theorie, die tief in Bereiche der Quantenmechanik weist. Weil William Shockley sich auf diesem Gebiet ausgezeichnet hat, bekommt er den Auftrag, ein Forscherteam für die Bell Laboratories zusammenzustellen. Womit wir bei den sieben Zwergen sind, also der Notwendigkeit, Metallurgen, Chemiker, Physiker und Mathematiker zu einer Mannschaft zusammenzuschweißen. Shockley hat ein ausgezeichnetes Gespür für Begabungen. Mit dem Mathematiker John Bardeen und dem Experimentalphysiker Walter Brattain heuert er Koryphäen ihrer Fächer an. Anfangs kommt man gut voran, aber irgendwann entdecken seine Mitarbeiter, dass das Gedankenmodell, das Shockley als Arbeitsweg vorgeschlagen hat, nicht funktioniert.

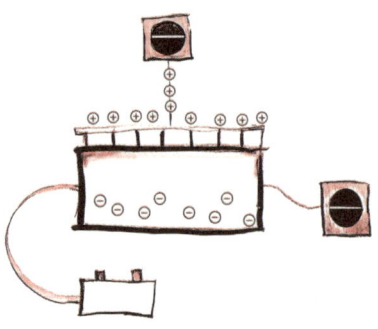

In Shockleys Entwurf befindet sich über dem Silizium-
kristall (der hier als Kasten dargestellt ist) eine dünne
Metallplatte aus Aluminium. Sie wird von einer Batterie
unter Strom gesetzt. Theoretisch sollen nun die auf der
Metallplatte befindlichen Elektronen in das Silizium ein-
dringen. Aber das passiert einfach nicht. Der erwünschte
Feldeffekt, mit dem sich die Ladung des Silizium-Atoms
steuern lässt, stellt sich nicht ein. Ein ganzes Jahr lang
experimentieren Bardeen und Brattain mit den verschiedensten Stoffen. Irgendwann, als ein Tropfen Wasser auf
die Oberfläche des Halbleiters fällt, begreifen sie, wo das
Problem liegt: Die Oberfläche des Kristalls war versie-
gelt, der Wassertropfen hat die Versiegelung gelöst. Das
ist, im Wortsinn, der Durchbruch. Denn nachdem Brattain die Versiegelung abgeschabt und einen Goldstab in
das Kristallinnere eingeführt hat, gelingt es, die Elektronen in das Silizium zu überführen und die Kommunikation herzustellen. Der Transistor ist geboren!

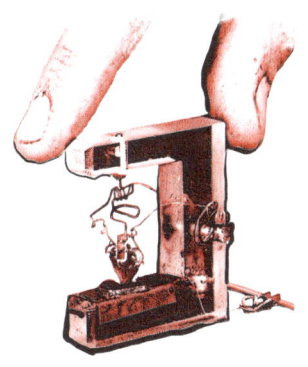

Begeistert rufen die beiden ihren Boss an. Zwar ist Shockley grundsätzlich erfreut, jedoch überwiegt die Verbitterung darüber, dass sich, statt seines Geniestreichs, ein gänzlich anderes Konzept durchgesetzt hat. Insofern ergeht es ihm wie der bösen Königin, die urplötzlich von ihrem Wahrheitsspiegel erfährt, dass nicht sie, sondern eine unbekannte Konkurrentin hinter den sieben Bergen als die Schönste im ganzen Land gilt. Seines Genies beraubt, setzt sich Shockley hin und schmiedet einen finsteren Plan. Zunächst einmal erarbeitet er eine neue Version des Transistors. Dieser hat einige Ähnlichkeiten mit der alten Elektronenröhre, nur dass er auf Zwergengröße zusammengeschrumpft ist. Nicht nur, dass er diese Weiterentwicklung vor seinen Kollegen geheim hält, darüber hinaus untersagt er ihnen, noch weiter am Transistor zu arbeiten; denn er allein möchte den Ruhm davontragen. Wie im Märchen bleibt dieser Anschlag nicht ungesühnt. Sein Anspruch auf Alleinerfindung wird nicht gebilligt, stattdessen bekommen seine Mitarbeiter (die die praktikablere Lösung vorgelegt haben) das Patent zugesprochen. Nach außen hin firmieren die drei Forscher noch immer als Einheit (was ihnen einen gemeinsamen Nobelpreis einbringt), intern jedoch ist Shockleys Verhältnis zu seinen Kollegen zerrüttet.

Wie kaum eine andere Erfindung dieser Zeit schlägt der Transistor mit aller Macht im Gesellschaftsleben ein. Fortan nämlich sitzen die Menschen nicht mehr am heimischen Radio (wie am Familienaltar), sondern tragen das Transistorradio mit sich herum. Überall erklingt Musik, am Strand, in der Wüste; zudem beginnen Musiker ihre Instrumente zu verstärken – zur Erschütterung Walter Brattains, der es sich bis zu seinem Lebensende nicht verzeiht, der Rockmusik zum Leben verholfen zu haben.

Als Shockley 1955 nach Palo Alto geht, ist er eine Berühmtheit. Was fehlt, ist der Reichtum – und genau dem soll die Gründung der *Shockley Laboratories* auf die Sprünge helfen. Selbstverständlich hat Shockley, als geradezu zwanghafter Wettstreiter, nicht die Konstruktion eines Computers vor Augen, sondern denkt daran, die amerikanische Rüstungsindustrie mit Transistoren zu bestücken. Der Zeitpunkt ist günstig. Silizium gibt es wie Sand am Meer, und mit dem Transistor haben die

Forscher unter Beweis gestellt, dass diesem Element eine große Zukunft bevorsteht. Weil auch die Solarzelle auf den Prinzipien des Transistors basiert, wird das Publikum bereits 1959 mit einem solarbetriebenen Transistorradio überrascht. Um eine Wiederholung der Patentstreitigkeiten zu verhindern, ist Shockley bemüht, vor allem junge und gefügige Mitarbeiter zu rekrutieren. Dass sich sein Labor im »Wilden Westen«, also hinter den sieben Bergen, befindet, ist dabei kein Nachteil: Die Grundstücke sind billig, das Klima lieblich, die Sonne scheint. Wie schon bei den Bell Laboratories, stellt Shockley erneut sein Genie als Talent-Scout unter Beweis.

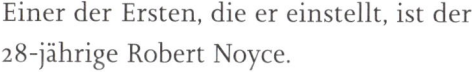

Einer der Ersten, die er einstellt, ist der 28-jährige Robert Noyce.

Robert Noyce, Sohn eines Geistlichen, war im Jahr 1927 in Grinnell, Iowa zur Welt gekommen, einer Kleinstadt im tiefen Mittleren Westen. Anstatt feine Unterschiede zu kultivieren, hielt man im Pfarrhaushalt dem Arbeitsethos und der Bildung die Treue, einer Do-it-yourself-Mentalität, die viele Computerpioniere auszeichnete. Jedenfalls setzte der 12-jährige Knabe, als er in einem Magazin der *Popular Science* den Plan zur Konstruktion eines Kastendrachens entdeckte, alles daran, sich mit diesem Gerät in die Lüfte zu erheben. Nachdem er die Nachbarjungen für den Bau des Gliders gewonnen und sie ihr Unternehmen realisiert hatten, kletterte der junge Robert auf das Dach der

Scheune, rannte los und stürzte sich mit seinem Drachen hinab – nur um wenig später, gleichermaßen lädiert wie glückstrahlend, wieder aufzustehen. Weil für ihn nur der Himmel die Grenze war, bestand das nächste Abenteuer darin, den Drachen vom Auto des Nachbarjungen anziehen zu lassen – eine Erfahrung, die Roberts Lebensmotto begründen und sich in einem kleinen Aufnäher niederschlagen sollte, den der spätere Pate des Silicon Valley immer am Revers trug: »No guts, no glory«. Kein Schneid, kein Ruhm. Dass dieser ungestüme, gut aussehende junge Mann, der einen Leistungssportler hätte abgeben oder (wie Gary Cooper, der ebenfalls das Grinnell College absolviert hatte) als Schauspieler hätte reüssieren können, zum Physiker wurde, ist einem Zufall zu verdanken. Dieser Zufall erschien in Gestalt von Roberts Physikprofessor, der aus der Zeitung von der Erfindung des Transistors erfahren und seinen ehemaligen Schulkameraden, John Bardeen, als Erfinder ausgemacht hatte. Weil er den Kontakt auffrischte und mit dem berühmten Jugendfreund zu korrespondieren begann, wurde er in die Geheimnisse der Transistorkonstruktion eingeweiht – und das Grinnell College zu einem der wenigen Orte, an denen diese revolutionäre Technologie gelehrt wurde. Noyce wiederum, der zum Meisterschüler avancierte, war bald ein versierter Kenner dieses Forschungsfelds – und als solchen stellte ihn Shockley ein, gemeinsam mit Gordon Moore und sechs anderen Wissenschaftlern.

Weniger Feingefühl jedoch legte Shockley im täglichen

Umgang mit seinen Mitarbeitern an den Tag. Eigentlich hätte es Noyce schon eine Warnung sein können, dass Shockley seine Adepten einem selbst fabrizierten IQ-Test unterzog. In der intellektuell anregenden Arbeitsatmosphäre ließen sich die Schrullen seines Bosses jedoch leicht übersehen. Paradoxerweise verstärkte sich Shockleys Paranoia just in dem Augenblick, als er im Jahr 1956 den Nobelpreis zuerkannt bekam – gemeinsam mit seinen früheren Mitstreitern Bardeen und Brattain. In der Intrige geschult, witterte Shockley fortan Intrigen – und nötigte seine Mitarbeiter (zum Schutz vor Industriespionage), sich regelmäßigen Lügendetektortests zu unterziehen. Weil das Betriebsklima bald eisige Temperaturen erreichte, rotteten sich die fähigsten Mitarbeiter der Shockley Laboratories zusammen und nahmen Kontakt zu einem Risikokapitalgeber auf. Noyce, der eine größere Loyalität zu Shockley empfand, stieß als Letzter zu den Verschwörern – bezeichnenderweise als derjenige, den alle für fähig hielten, die Geschäfte zu leiten. Der Kapitalgeber Sherman Fairchild insistierte auf einem Businessprofi und machte Noyce zum Leiter der Forschung, aber mit dem Vatermord war die Firma *Fairchild Semiconductors* geboren. Nichts erinnerte mehr an die Herrschaftstechniken von William Shockley, der sich im Übrigen bald aus dem Geschäftsleben verabschiedete und auf einen Universitätsposten zurückzog.

Mit Robert Noyce, der sich nicht als Boss, sondern als *primus inter pares* verstand, stand der Entfesselung der versammelten Talente nichts mehr im Weg. Binnen Kurzem brachte Fairchild einen Transistor auf den Markt – und ein Jahr nach Gründung machte der Risikokapitalgeber von seiner Option Gebrauch und kaufte die Gründer auf. Der Zeitpunkt war günstig. Obwohl sie jederzeit Militäraufträge hätten an Land ziehen können, wählten Noyce und Moore – aus ethischen Gründen – den schwierigeren Weg der Massenmarkt-Produktion. Waren schon mit der Konstruktion eines Transistors diffizile metallurgische, chemische und quantenmechanische Fragen verbunden, stellte die Massenfertigung im Mikron-Bereich (kleiner als ein menschliches Haar) ein weiteres Problem dar. Um ein massenmarkttaugliches Produkt fertigen zu können, war die Ersetzung der menschlichen Hand unumgänglich. Nachdem sein Mitarbeiter Jean Hoerni bereits einen planaren Transistor entworfen hatte, der die beweglichen Teile ins Innere des Kristalls verlagerte, stellte sich Noyce die Frage, ob es nicht überhaupt möglich wäre, statt eines komplizierten Geräts einen einzigen, monolithischen Festkörper zu nutzen. In seinem Notizbuch spielte er die Konstruktion eines solchen integrierten Schaltkreises durch – und kam zu dem Schluss, dass es möglich sei. Als er erfuhr, dass Jack Kilby von Texas Instruments den Prototyp eines Germanium-Schaltkreises entwickelt hatte, entschied Noyce (der nach dem kurzen Gastspiel des Business-Managers die Geschäfte übernommen hatte), die Firma auf eine entsprechende Entwicklung anzusetzen. Neben den möglichen Kostenersparnissen (durch den Wegfall des menschlichen Faktors) war sich Noyce darüber im Klaren, dass ein solcher Schaltkreis das gesamte Industriesegment revolutionieren würde – umso mehr, als er von vorneherein als programmierbares Universalwerkzeug angelegt war.

Im März 1959 begannen die Wissenschaftler von Fairchild an dieser Aufgabe zu arbeiten, neben Jean Hoerni vor allem Gordon Moore, der zum Leiter der Forschungs- und Entwicklungsabteilung avanciert war. Im Jahr 1960 konnte die Firma mit ihrem ersten integrierten Schaltkreis aufwarten. Zwar war er mit seinen sechs Transistoren (verglichen mit den heutigen Chips, die Milliarden Transistoren enthalten) überaus bescheiden gepackt, dennoch war allein der Umstand, dass man große Raumungetüme auf die Größe eines Fingernagels schrumpfen lassen konnte, eine Revolution. Vor allem die Pioniere der NASA waren elektrisiert, begriffen sie doch, dass es möglich war, ihre Raumkapseln mit leichter Elektronik zu bestücken. Tatsächlich lag Noyce' Genie vor allem in der Vision. Denn er war überzeugt, dass in dem Maße, in dem die Dichte der Schaltkreise wachsen würde, auch die denkbaren Anwendungen und Profite zunehmen würden. So verkündete er Mitte der sechziger Jahre – zum Schrecken der eigenen Mitarbeiter –, dass die Firma Fairchild ihre Chips für einen geringeren Preis anbieten würde als die Montage der entsprechenden Bauteile verschlang. Erstaunlicherweise war dieser Akt der Voodoo-Ökonomie höchst erfolgreich. Zwar konnte die Firma

eine Zeit lang nur die Gestehungskosten ihrer Schaltkreise einfahren, dafür aber sanken die Produktions-
kosten – und der Markt explodierte. Gewissermaßen war
diese Offerte der Wegbereiter jenes Gesetzes, das Noyce'
Mitarbeiter Gordon Moore wenig später formulierte: dass
sich die Leistungsfähigkeit der Schaltkreise pro Jahr ver-
doppeln würde. Moore's Law.

Als die Firma, die rasant gewachsen war, Ende der
60er-Jahre in eine Krise geriet, brachen die kulturellen
Konflikte zwischen den Wall-Street-Geldgebern und
den lässigen, hippiesk anmutenden Kaliforniern auf. Es
kam zur Trennung. Diesmal allerdings mussten Noyce
und Moore keine 48 Stunden warten, bis sie einen Kapitalgeber für ihre neue Unternehmung gefunden hatten.
Um die Herrschaft der reinen Vernunft anzukündigen,
trug sie nicht mehr den Namen eines Sponsors, ja nicht
einmal mehr den ihrer Gründer, sondern hieß kurz und
bündig Intel – was ein Kürzel für integrated electronics war,
aber wohl auch auf eine Art der künstlichen Intelligenz

anspielte. Wie Fairchild begann Intel mit einem Pauken-schlag. Mit der Hilfe des italienischen Prozessorarchi-tekten Federico Faggin konnte man im Januar 1971 den ersten Mikroprozessor vorstellen. Vom Grundgedanken her war der Mikroprozessor die logische Verlängerung des integrierten Schaltkreises. Versammelte dieser die Elemente eines Transistors auf einem Festkörper, vereinte der Mikroprozessor alle Computerbauteile auf einer ein-zigen Platine: Speicher, Uhr, Programm- und Datensek-tion etc. Damit war jeder Chip ein lauffähiger Computer, der, mit der entsprechenden Software bestückt, Wasch-maschinen, Taschenrechner, Ladenkassen, Digitaluhren oder Fahrstühle steuern konnte. Bereits drei Jahre später wurden die Chips in der Automobilindustrie verbaut, war auch der PC nur eine Frage der Zeit.

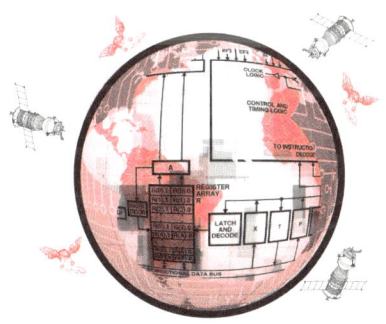

Erinnern wir uns an die Engel, die auf einer Nadelspitze tanzen, ja, die sich mit unendlicher Geschwindigkeit durch die Welt bewegen, lässt sich behaupten, dass mit dem Computerchip nun unversehens der Himmel auf Erden existiert. Denn von nun an kann jedes Objekt, wenn es denn digitalisiert worden ist, mit Lichtgeschwindigkeit ans andere Ende der Welt reisen, ebenso wie es sich nach Belieben vervielfältigen lässt – und zu guter Letzt ist das Gebilde, das all diese Operationen bewirkt, auf die Größe eines Fingernagels, wenn nicht eines Stecknadelkopfes zusammengeschrumpft. Als Robert Noyce in einem Vortrag 1984 auf sein Wirken zurückschaute, verglich er die Chipfertigung mit der Automobilindustrie. Hätte diese einen vergleichbaren Fortschritt erlebt, dürfte ein Auto nur einen Vierteldollar, eine Fahrt quer über den Kontinent überhaupt nichts mehr kosten – und was das New Yorker Parkplatzproblem anbelangte, so hätte auch dies sich erübrigt. Denn in New York angekommen, würde man sich das Auto einfach in die Tasche stecken.

11

AMAZING GRACE ODER WIE
MAN EINEN COMPUTER ERZIEHT

Irgendwann steht ihr Boss vor ihr und sagt, sie müsse ein Buch schreiben. Sie protestiert, nein, das könne sie nicht, sie habe niemals zuvor ein Buch geschrieben. Worauf die unmissverständliche Antwort erfolgt: »Sie schreiben ein Buch. Sie sind bei der Navy.« Und weil hier der Vorgesetzte stets seinen Willen bekommt, vertieft sich Lieutenant Grace Murray Hopper in die Materie und verfasst das georderte Buch. Bei dieser Gelegenheit entdeckt sie, dass ihr das Schreiben liegt, nein, mehr noch, dass ihre Berufung darin besteht, ein stummes Objekt zum Sprechen zu bringen. Haben sich die Pioniere der Computerforschung mit ihrem digitalen Gegenüber in einer kryptischen Privatsprache aus Nullen und Einsen unterhalten, hat Grace Murray Hopper, flapsig gesagt, dem Computer das Sprechen beigebracht. Ihrem Insistieren auf der überragenden Bedeutung der allgemeinverständlichen, natürlichen Sprache verdanken wir unsere Programmiersprachen, unsere Compiler und Interpreter. Damit wird aus dem Zahlenfresser ein sprachbegabter Zauberspiegel, in dessen Bild sich eine Gesellschaft zu verlieren, aber auch neu zu erfinden vermag. Hopper selbst hätte wohl, in habitueller Bescheidenheit, den eigenen Beitrag heruntergespielt. »Bis zum Zweiten Weltkrieg«, so lautet ihr lakonisches Diktum, »war das Leben einfach. Danach hatten wir die Systeme.« Mag dieser Befund in den Augen anderer Anlass zu einer wehmütigen Kulturkritik sein, war Grace Hopper, im Gegenteil, von einer geradezu rücksichtslosen Zukunftszugewandtheit – ein Charakterzug, der mit ihrer ungewöhnlichen Erscheinung zusammengeht. So erzählt ihr Biograf Kurt W. Beyer, dass er, bei ihrer ersten Begegnung, eine Dame in der Uniform eines Kadettenadmirals getroffen habe, die bei ihrer Vorstellung (genauer: der Laudatio einer Preisverleihung) unablässig gestrickt habe. Dann aber sei sie aufgestanden und habe eine flammende Rede gehalten, nicht über die Vergangenheit, sondern über die Zukunft. Über verteiltes Rechnen, Parallelprozessoren, und dass der gefährlichste Ausdruck unserer Sprache lautet: Das haben wir schon immer so gemacht!

Als ältestes von drei Kindern in eine vermögende New

Yorker Bürgerfamilie hineingeboren, war Grace Hopper mit liebevollen Eltern, vor allem mit einem Vater gesegnet, der den Wissensdurst seiner beiden Töchter ebenso beförderte wie den seines Sohns. Deswegen begnügte sich die Siebenjährige nicht mit dem Anblick eines Weckers, sondern nahm ihn kurzerhand auseinander; aber da sich das Geheimnis des Apparats nicht auf Anhieb erschloss und die Einzelteile sich nicht wieder zusammensetzen ließen, mussten gleich sechs weitere Wecker dran glauben – bis die Mutter einschritt und das kindliche Experimentierfeld auf einen einzigen Wecker beschränkte. Vom Großvater mütterlicherseits, einem Bauingenieur bei der New Yorker Stadtverwaltung, auf seine Inspektionstouren mitgenommen, entwickelte die kleine Grace schon früh den Berufswunsch, Ingenieurin zu werden. Nun standen Frauen zu dieser Zeit durchaus einige Karriereoptionen offen, die des Ingenieurs zählte jedoch nicht dazu. Also studierte Grace Mathematik und wurde die erste Frau, die in Yale in diesem Fach promovierte. Sie heiratete einen Dozenten für englische Literatur und kehrte als Professorin ans Vassar-College in Poughkeepsie zurück. In gewisser Hinsicht änderte die Ehe nicht viel: Grace verbrachte die Sommer mit der geliebten Familie, ansonsten kümmerte sie sich um ihre Studenten. Aber selbst als Professorin war ihr Wissensdurst nicht gestillt; sie belegte Kurse in Zoologie, Chemie, Physik, Geologie, Biologie, Ökonomie und Architektur, immer mit dem Ziel, die Erfahrungen dieser Forschungsrichtungen für das eigene Fach nutzbar zu machen. Dennoch: Ihrer wissenschaftlichen Omniphagie zum Trotz, verliefen die ersten fünfunddreißig Lebensjahre der Grace Hopper recht konventionell, ein akademisches Idyll, das in der Zeit der Depression fast zu schön war, um wahr zu sein.

Dass dieses Idyll jäh endete und Hopper aus dem kommoden Professorenleben ausstieg, hatte mit einem Wendepunkt der Geschichte zu tun, dem 7. Dezember 1941, als die amerikanische Flotte in Pearl Harbor von den Japanern attackiert wurde. Plötzlich erschien es der jungen Frau zwingend, ins Weltgeschehen einzugreifen. Sie trennte sich von ihrem Mann und bewarb sich bei der Navy. Sehr ungewöhnlich – denn bei der Navy gab es zu dieser Zeit keine Frauen. Immerhin erlaubte das WAVES-Programm die Zulassung von weiblichen Freiwilligen für den Notfall. Doch zu ihrem Entsetzen wurde Grace für zu leicht befunden: mit 47 Kilo unterschritt sie das Mindestgewicht. Als sie schließlich nach längerer Wartezeit und auf inständiges Drängen doch akzeptiert wurde, absolvierte sie den Grundwehrdienst und fand (trotz einer ansonsten eher subversiven Natur) vor allem am militärischen Drill größten Gefallen. Die Hoffnung, ihre mathematischen Kenntnisse als Kryptologin anwenden zu können, wurde enttäuscht. Stattdessen schickte man sie nach Harvard, genauer, in den Keller des Cruft Laboratory, wo ihr Boss, Howard Aiken, die Ankunft eines Assistenten erwartete.

Dass dieser Ort einem militärischen Zweck diente, hatte damit zu tun, dass Aiken, ein Physiker, um die elektrischen Ladungen in der Ionosphäre berechnen zu können, schon Ende der 30er-Jahre nach einem Computer verlangt hatte.

Die zur Verfügung stehenden Hollerith-Maschinen konnten nicht mit negativen Zahlen rechnen, waren mithin unbrauchbar. Als energischer Denker (und mit Charles Babbage als Vorbild) entwarf Aiken einen Computer, der aus Kosten- und Praktikabilitätsgründen aus bereits verfügbaren Bauteilen bestehen sollte. Nach Aikens Plänen wurde der Mark I von der IBM gebaut und – mit Hoffnungen auf weitere Regierungsaufträge – dem Labor umsonst zur Verfügung gestellt. Das Gerät, das im Jahr 1944 angeliefert wurde, war ein Ungetüm, das aus 750 000 Einzelteilen, mehr als 3500 elektromechanischen Relais und 8,7 Kilometer Draht bestand und zusammengesetzt 5 Tonnen wog. Weil Aiken sich in die Dienste der Navy begeben hatte und sich als »Professor im Krieg« begriff, hatten akademische Lässigkeiten im Keller des Cruft Laboratory nichts zu suchen. Aiken bestand darauf, als »Commander« angesprochen zu werden, wie er umgekehrt sämtliche Mitarbeiter ihrem Dienstgrad entsprechend behandelte. Sehr bald schon wurde das Computation Laboratory mit Aufträgen überhäuft. Zwar vermochte die Maschine kaum mehr als drei Additionen pro Sekunde zu berechnen (ein heutiger Computer bewältigt 336 000 Millionen Instruktionen pro Sekunde), dennoch war er für die Ballistikberechnungen des Manhattan Project unverzichtbar.

Da Aiken kurz nach Inbetriebnahme des Computers mit den Plänen für einen noch leistungsfähigeren Nachfolger beschäftigt war (den Mark II), hatte er um einen Assistenten gebeten, der für den laufenden Betrieb verantwortlich sein sollte. Und nun entpuppte sich der Assistent als eine Frau! Aiken tröstete sich, als ein Babbage redivivus, damit, in Grace Hopper eine Ada Lovelace zu sehen. Zu seinem Erstaunen erwies sich Lieutenant Hopper als überaus lernfähig. Nach einer Woche hatte sie sich in die Codierung der Maschine eingearbeitet. Und weil Aiken ihre Arbeit wertschätzte, folgte die Order, das Handbuch der Maschine zu schreiben. In dem Maße, in dem das Laboratorium komplexe Berechnungen zu lösen vermochte, wurde es zu einer Anlaufstelle für die aufblühenden Sterne der Computerwelt: War John von Neumann schon deswegen Dauergast, weil er die Fortschritte seiner ballistischen Kurven für das Manhattan Project verfolgte, schaute auch Norbert Wiener des Öfteren vorbei, um mit Aiken darüber zu diskutieren, ob das Gehirn ein Computer sei oder umgekehrt.

Grace Hopper, die für den Betrieb der Maschine zuständig war, hatte wenig Sinn für derlei Spekulationen. Denn obwohl die Maschine rund um die Uhr im Einsatz war, stapelten sich die Aufträge; zudem war die Programmierung der Maschine ein störanfälliger Akt. Immer wieder kam es zu Abstürzen. Dann waren die Mitarbeiter genötigt, sich mit Taschenlampe und Hoppers Schminkspiegel bewaffnet unter das riesenhafte Gerät zu quälen – um beispielsweise zu entdecken, dass sich eine Motte zwischen einem Kontakt und einem Schalter verfangen hatte.

War damit der Begriff des »Debugging« (also der Entwanzung) geboren, gingen die meisten Abstürze auf menschliche Irrtümer zurück. Besonders beliebt war der Demo-Effekt; er trat immer dann ein, wenn einer der Oberen hereinschaute, um einer neugierigen Besucherschar das Wunderwerk vorzuführen. Da das komplexe Innenleben der Maschine schwerlich vorzeigbar war, gipfelte eine solche Demonstration stets darin, dass der Obere mit einem beherzten Handgriff einen Stecker des Schaltfeldes umsteckte. Allerdings hatte dieser Eingriff fast immer fatale Konsequenzen. Mit einem solchen Handgriff wurde nämlich die bestehende Programmverschaltung verändert – mit der Folge, dass der Mark I außerstande war, seine Berechnungen korrekt auszuführen. Es war also ein Desiderat, derlei Hardware-Veränderungen unmöglich zu machen. Deswegen – und um den Programmablauf zu beschleunigen – legte Grace Hopper eine Bibliothek von wiederverwendbaren Subroutinen an: kleine Lochkarten, die mit handschriftlichen Notizen versehen waren. Um komplexere Programmierfragen ausführen zu können, begann Grace Hopper die einzelnen Lochkarten zu Sequenzen zusammenzunähen. Im Betrieb erwiesen sich diese Module (die beispielsweise einen Kosinus oder eine Quadratwurzel berechneten) als unverzichtbare Beschleunigungswerkzeuge.

Nichtsdestotrotz hatte auch die systematische Trennung von Hardware und Software ihre Tücken. Wie zuvor war der menschliche Faktor die Quelle allen Übels. Denn den Programmierern unterliefen bei der manuellen Kopie einer Lochkarte Fehler. Dass dies kein böser Wille war, sondern nur eine Bestätigung von Murphys Gesetz (wonach schiefgehen muss, was schiefgehen kann), wurde Hopper klar, als auch sie sich bei der x-maligen Wiederholung eines Prozesses immer wieder bei Fehlern ertappte. Insofern lag es nahe, diese Arbeit so weit wie möglich der Maschine zu überantworten. Damit war der Abriss jenes großen Projekts gegeben, das Hopper das folgende Jahrzehnt über beschäftigen sollte. Fortan nämlich sollte der Programmierer nicht mehr an der Maschine selbst herumbosseln, sondern mit ihr auf einer sprachlichen Ebene verkehren. Dazu allerdings war es vonnöten, die Maschine sprachfähig zu machen – ein Bildungsauftrag, den Hopper mit dem schönen Titel »The Education of a Computer« umriss.

Allerdings musste dieses 1952 vorgelegte Forschungsprogramm zunächst einmal auf Eis gelegt werden. Das hatte damit zu tun, dass Commander Aikens Untergrund-Laboratorium im Keller der Harvard University nicht mehr so recht in die Nachkriegszeit passte und die militärischen Mittel zunehmend versiegten. Und da auch Hopper nicht als Professorin übernommen worden war, fiel die kettenrauchende, trinkfreudige Wissenschaftlerin in eine tiefe Depression, eine Sinnkrise, aus der sie nur mithilfe von Freunden und ehemaligen Mitarbeitern zurückzuholen war. Anschließend zog sie nach Philadelphia, wo J. Presper Eckert und John Mauchly für *Remington Rand* den ENIAC bauten: den ersten vollelektronischen Digitalcomputer, der, anders als der elektromagnetische Mark, auf Vakuumröhren setzte. Zur Leiterin der Programmierungsabteilung avanciert, setzte Hopper das begonnene Computer-Erziehungsprojekt fort. Bestärkt von den Fortschritten, die sie bei der Automatisierung von Programmierfragen erlebt hatte, forcierte sie die Sprachentwicklung – immer mit dem Ziel, der Mensch-Maschine-Kommunikation die Verständlichkeit einer natürlichen Sprache zu verleihen. Bald konnte sie mit ihrer Programmiersprache FLOW-MATIC erste Erfolge verzeichnen. Nicht bloß, dass die Arbeitsgeschwindigkeit des Computers im Maße seiner Sprachfähigkeit wuchs, auch die Komplexität (und die Intelligenz) der Programme nahm immer mehr zu. Erstaunlicherweise rührte der größte aller Widerstände gegen die Software-Revolution nicht vonseiten des Managements her, sondern von den Programmierer-Nerds, denen keineswegs daran gelegen war, das mühsam erworbene Arkanwissen an irgendeinen dahergelaufenen Wald-und-Wiesen-Programmierer zu verlieren.

Um zu demonstrieren, dass die wahre Kunst der Programmierung nicht in der Kenntnis der Hardware, sondern in der Einbildungskraft lag – immer grundiert von der Bereitschaft, lieb gewordene Überzeugungen über Bord zu werfen –, rekrutierte Hopper ihre Programmierer nicht selten unter den Sekretärinnen der Firma. Sie hatte beobachtet, dass die jungen Frauen ihre Arbeit höchst gewissenhaft erledigten – und damit eine Tugend an den Tag legten, die im Umgang mit der Maschine unerlässlich war. Hoppers »Marilyn-Projekt« – also die Verwandlung des dummen Blondchens zum Programmierer-Genie – wurde belohnt. Sehr bald schon bestand mehr als die Hälfte ihrer Programmiererschar aus Frauen, war bewiesen, dass man weder höhere Mathematik noch Quantenmechanik beherrschen musste, um einen Computer programmieren zu können. Denn mit der Software löst sich das Denken von der Materialität und wird zur

Einbildungskraft, die nach Belieben, ex nihilo, eine neue Welt zu entwerfen vermag. War in der Welt des Commander Aiken die physische Interaktion mit der Maschine unerlässlich, so muss sich der Programmierer, der einen Gedanken zu Papier bringt, nein, der ihn in den Maschinenspeicher einspeist, nicht mehr um die quantenmechanischen Implikationen dieses Vorgangs kümmern. Stattdessen lautet die märchenhafte Devise: Gesagt, getan! Damit löst die Programmiersprache ein, wovon die früheren Computerweltschöpfer nur haben träumen können. In diesem Sinn ist die Programmiersprache die Komplementärform des Mikroprozessors: ein Gang in den Konjunktiv, in die Virtualität, in einen von aller Begrenzung befreiten Möglichkeitssinn. Eine Bemerkung J. Robert Oppenheimers paraphrasierend, könnte man sagen, dass es nicht mehr darum geht, die Dinge zu sehen, wie sie sind, sondern wie sie sein könnten. So besehen nimmt der befreite Möglichkeitssinn vorweg, was die Studentenrevolution später als Lösung vom Realitätsprinzip ausgab – und die Soziologen als Postmaterialismus. *L'imagination au pouvoir*, Kinder an die Macht!

Um ihrem jeweiligen Gesprächspartner die Kontingenz des menschlichen Denkens vorzuführen, hatte Hopper in ihrem Büro eine Uhr, die nicht im Uhrzeigersinn, sondern rückwärts lief. Nicht nur im Einzelgespräch, auch in der allgemeinen Vermarktung ihrer Innovationen war Hopper über die Maßen erfolgreich. Denn sie führte nicht nur ihrer Firmenleitung, sondern der gesamten

Programmierergemeinde vor Augen, dass mit der Software-Revolution nicht nur ein Gewinn an Qualität und Geschwindigkeit einherging, sondern sich überhaupt neue Geschäftsfelder auftaten. Dazu allerdings war es vonnöten, dass sich die Programmierer auf eine gemeinsame Sprache einigten. Als Kommunikationsgenie gelang Hopper das Kunststück, die verstreute Gemeinde auf eine *Common Business Oriented Language* zu verpflichten, COBOL, die erste Computerhochsprache, die bis zum Jahr 2000 die weitverbreitetste Computersprache bleiben sollte. Nach Beendigung ihrer zivilen Tätigkeit wurde die unerschütterliche Futurologin erneut für die Navy requiriert, zum strickenden Konteradmiral promoviert und zum Mann des Jahres 1969 gewählt – weswegen man Grace Hopper vielleicht als extraterrestrische Erscheinung, als Frau im Mond, in Erinnerung behalten sollte. Wie hat Kadettenadmiral Hopper das Motto eines glückenden Lebens beschrieben? »Es ist besser sich hinterher zu entschuldigen, als vorher um Erlaubnis zu bitten.«

12

DIE ERFINDUNG DER MAUS

Am 9. Dezember 1968 fand, vor den Augen einer tausendköpfigen Zuschauerschar im Convention Center in San Francisco, eine Vorführung statt, die vielen Anwesenden als Zeitreise erschien, ja, die ein Schriftsteller als »das nächste große Ding nach LSD« bezeichnete. Der weitgehend unbekannte Vortragende Douglas C. Engelbart übertraf alles, was sich die Computerspezialisten in ihren kühnsten Träumen ausgemalt hatten. In seiner neunzigminütigen Live-Demonstration präsentierte Engelbart nicht nur die erste Computermaus, sondern einen Hypertext-Editor, der neben einer grafischen Oberfläche (mit verschiedenen Views) ein kollaboratives Arbeiten an

Dokumenten ermöglichte. Es folgten: E-Mails mit Verlinkungsfunktion, statistische Plots, expandierbare und komprimierbare Fenster, Schlüsselwort-Suche und Makros, eine Meta-Programmiersprache, schließlich ein Online-Wissensrepositorium, das als Wiki diente und in Echtzeit und von verschiedenen Orten aus zu bearbeiten war. Auf einer zehn Meter breiten Videoprojektionsfläche konnten die Zuschauer verfolgen, wie ein Mitarbeiter im fünfzig Kilometer entfernten Menlo Park über Headset mit Engelbart kommunizierte und gemeinsam einen Datensatz bearbeitete – während sein Gesichtsausdruck sich auf dem Bildschirm widerspiegelte. Auf das Publikum wirkte die Präsentation wie eine Levitation. Kaum dass Engelbart geendet hatte, erhoben sich alle von den Sitzen und klatschten frenetisch – als ob die Halle selbst aus den Angeln gehoben wäre und sich in die Lüfte erhöbe.

Wenn wir unsere Geschichte rekapitulieren, die sich bis hierher über zwei Jahrhunderte erstreckt und im Großen und Ganzen eher bedächtig vorangeschritten ist, stellt sich die Frage: Wie kommt es, dass sich binnen eines Jahrzehnts eine solche Beschleunigung ereignen konnte? Nun fällt ein Mann wie Douglas Engelbart nicht vom Himmel, sondern ist, wie wir sehen werden, tief in die Gedankenfiguren seiner Vorgänger verstrickt. Die Geschichte beginnt damit, dass sich der Held der folgenden Seiten auf einem Kriegsschiff befindet, das auslaufen soll. Noch im Hafen von San Francisco erfährt die Mannschaft, dass Japan – als Reaktion auf den zweiten Atombombenabwurf – kapituliert hat. Natürlich verlangt man lautstark, dass man umkehren möge, aber umsonst. Das Schiff sticht in See und legt ein paar Tage später an einer philippinischen Insel an. Und weil der Krieg vorbei ist, hat der junge Radartechniker Douglas Engelbart Muße, in all den Büchern zu stöbern, die dort in der Bibliothek des Roten Kreuzes aufgebahrt sind. Wobei das Wort »Bibliothek« ein bisschen hochgegriffen ist, handelt es sich doch nur um eine kleine Bambushütte auf Stelzen, kaum mehr als drei Meter im Durchmesser breit. Aber weil sich kein anderer G. I. hierhin verirrt, kann sich der junge Soldat aus dem überschaubaren Angebot frei bedienen. Und so stößt er in einer Ausgabe des *Atlantic Monthly* auf einen Text mit dem Titel »As We May Think« – Wie wir einmal denken werden.

Haben wir davon nicht schon gehört? Ja, das ist genau der Text, in dem Vannevar Bush seine Vision eines Desktop-Computers entwirft, jener gigantischen Wissensmaschine, mit der man binnen Sekunden Texte auffinden, explorieren und verknüpfen kann. Dieses Gedankenfluggerät brennt sich dem jungen Mann unauslöschlich ein.

Allerdings zündet die Erfahrung erst ein paar Jahre später, als sich Engelbart, frisch verlobt, auf den Weg zur Arbeit macht. Plötzlich nämlich steht ihm die schockhafte Einsicht vor Augen, dass ihm mit der Verlobung sein Ziel abhandengekommen ist, während ihm andererseits noch eine halbe Million Arbeitsminuten bevorstehen. Was also tun? Da ihm Geldverdienen als Lebenszweck zu unbedeutend erscheint, fragt er sich, mit welcher Tätigkeit er der Menschheit den größten Dienst erweisen könne. Hat Vannevar Bush gelehrt, dass die Probleme der Welt immer komplexer und dringlicher werden, kann die Lösung nicht darin bestehen, dem Weltwissen ein weiteres Bruchstück hinzuzufügen. Nein, es gilt, Mittel und Wege zu finden, um sich in dem unüberschaubar gewordenen Wissenschaos orientieren zu können. Mit dieser Erkenntnis schlägt die Lektüreerinnerung erneut in seinem Kopf ein – nur dass ihm jetzt klar wird, dass Vannevar Bushs Wissensmaschine kein analoges Gerät, sondern ein Computer sein wird, oder genauer: ein Computer, dem man eine visuelle Oberfläche verpasst hat. Auf dieser Oberfläche wird man Informationen nicht bloß darstellen können, nein, man wird mithilfe des Computers durch die Informationen hindurchfliegen können – so wie die Fluglotsen mithilfe des Radars den Piloten Anweisungen für ihre weitere Route geben. Dazu aber gilt es, das Wissen der Welt als einen Raum zu denken, den man (von einem digitalen Verkehrsleitsystem geleitet) als Infonaut wird durchkreuzen können.

Die Vision stand klar wie ein Stern vor seinem inneren Auge.

Von nun an war jeder seiner Schritte diesem Ziel untergeordnet. Zunächst einmal ging es darum, einen Arbeitsplatz zu finden, der ihn mit Computern vertraut machen würde. Weil er gehört hatte, dass die Universität von Berkeley einen Rechner bekommen sollte, schrieb er sich dort im Studiengang Elektrotechnik ein. Aber als er in seiner Naivität den Kollegen von seinen Plänen erzählte, waren diese alles andere als entzückt. Schon der Gedanke, dass man einen Menschen nach Belieben mit einem Computer interagieren lassen, ja, dass man selbigen zu einem Trainingsgerät für Schreibmaschinenkurse zweckentfremden sollte, grenzte an Blasphemie. Der junge Forscher jedoch ließ sich nicht im Mindesten von seinem Ziel ablenken. Er bewarb sich, als er seine Doktorarbeit beendet hatte, auf eine Stelle beim Stanford Research Institute, wo man wissenschaftliche, militärische und kommerzielle Anwendungsgebiete von Computern erforschen wollte. Nachdem er im Bewerbungsgespräch seine Vorstellungen ausgebreitet hatte, fragte der Interviewer ihn, wie vielen Menschen er von diesen Ideen erzählt habe. Auf die Antwort, dass er der Erste sei, war der Interviewer beruhigt und riet ihm, dies auch in Zukunft zu unterlassen. Denn was er gesagt habe, sei so verrückt, dass jedermann nur an seinem Verstand zweifeln könne. Gleichwohl bekam er den Job – und war in den nächsten drei Jahren damit beschäftigt, seine Ideen in einem Papier darzulegen, das den Titel »Die Verbesserung des menschlichen Geistes« trug. Dass ihm die Universität, auf sein Drängen und mit Forschungsgeldern der Airforce, das erwünschte Institut bewilligte, war kein Zeichen besonderer Wertschätzung, eher ein Vermarktungsballon. Denn Engelbart blieb der einzige Mitarbeiter. Als sein Aufsatz im Oktober 1963 erschien, antwortete die Welt der Computerwissenschaft mit einem geradezu lärmenden Schweigen. Zwar waren hier all jene Dinge anvisiert, die Engelbart ein paar Jahre später vorführen sollte, doch schien es den Lesern an Vorstellungsvermögen zu fehlen. Abschreckender noch als seine praktischen Vorschläge waren die philosophischen Einlagen, welche der Maschine eine nachgeordnete Rolle zusprachen und bei denen es vor allem um die Co-Evolution von Mensch und Maschine ging.

Allerdings erregte der Text die Aufmerksamkeit zweier Männer, die an exponierter Stelle saßen: Bob Taylor, ein Psychologe in den Diensten der NASA, und Joseph R. Licklider, der am MIT über die Mensch-Maschine-Symbiose gearbeitet und dafür beträchtliche Mittel des Verteidigungsministeriums erhalten hatte. Und so bekam der Maverick Engelbart, zur Verblüffung seiner Vorgesetzten, im Jahr 1964 eine Million Dollar für den Kauf eines Computers und eine weitere halbe Million, um einen Mitarbeiterstab aufzubauen und sein Ziel voranzutreiben. Binnen Kurzem blühte Engelbarts *Augmentation Research Center* (ARC) auf. Dies hatte nicht unwesentlich mit jener Philosophie zu tun, die Engelbart »Bootstrapping« nannte – und die sich vom Akt des Stiefelschnürens ableitet, genauer, jenem Schwung, mit dem man sich selbst in die Lüfte erhebt, ähnlich dem Baron Münchhausen, dem es gelingt, sich an den eigenen Haaren aus dem Sumpf zu ziehen – mitsamt Pferd.

Tatsächlich bestand die wichtigste Einsicht dieser Philosophie darin, dass sich Werkzeuge bauen lassen, die das Arbeiten am Computer massiv beschleunigen, darüber hinaus weitere Beschleunigungswerkzeuge ermöglichen können. Dabei schwebte Engelbart vor (seiner Erfahrung als Radartechniker folgend), den Bildschirm als sensible Fläche zu behandeln. Warum konnte man nicht, wie bei einer Tafel, auf irgendeine Stelle zeigen und dort eine Markierung hinterlassen? Also setzte er sich hin und entwarf ein Gerät, das, mit Rollen versehen, die Bewegung der Hand auf den Bildschirm übertrug. Womit die Maus geboren war.

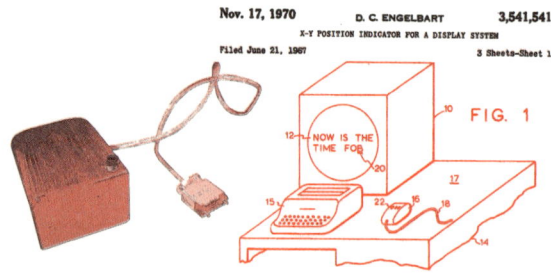

Da nun ein solches Gerät existierte, lag es nahe, auch das entsprechende Textverarbeitungssystem zu bauen, und zwar so, dass man ein Wort über einen Klick markieren, löschen oder verschieben konnte. Als Engelbart einem staunenden Forscher präsentierte, wie leicht sich auf diese Weise ein Text bearbeiten ließ, war die Reaktion keineswegs positiv; im Gegenteil, sein Gegenüber beharrte darauf, dass man zunächst DELETE WORD und dann das zu löschende Wort eingeben müsse.

Mochte der Außenwelt die Maus als ein allzu »kompliziert zu bedienendes Gerät« vorkommen, hatten die Institutsmitarbeiter nicht die geringsten Schwierigkeiten damit. In geradezu atemberaubender Geschwindigkeit wurde eine Idee nach der anderen realisiert. Nach der Erstellung eines grafischen User-Interface kam die Logik der Sicht an die Reihe, also eines Fensters, das, wie die Spitze eines Eisbergs, nur einen Ausschnitt des Informationsraumes auf den Schirm zauberte; dann folgten die Programme, die den Flug durch den Raum der Daten erlaubten: das Suchen, Strukturieren, Verknüpfen, endlich das Speichern und Laden von Bewegungsabfolgen. Um der explodierenden Komplexität Herr zu werden, legte man Dateien an, die als kollektives Wissensrepositorium (Wiki) dienten und kommentiert und verändert werden konnten. Im Laufe der Jahre verwandelte sich das auf siebzehn Mitarbeiter angewachsene Institut, Engelbarts magischem »Bootstrapping« folgend, zur ersten computergestützten Gemeinschaft. Man saß an Terminals, die in einem offenen Großraumbüro standen – oder traf sich in den Einzelbüros, wo man, wie ein Indianerstamm auf dem Boden sitzend und rauchend, Brainstorming-Sitzungen abhielt. Nicht nur, dass Engelbart einen Psychologen engagierte, der die Kommunikation der Teilnehmer untereinander analysierte, darüber hinaus nutzte man, um auf neue Ideen zu kommen, tatsächlich die bewusstseinserweiternde Kraft von LSD.

Was nach kreativem Chaos aussah, war jedoch eine Erfolgsgeschichte ohne Beispiel – eine Explosion an Effizienz und Innovationskraft. Nicht zufällig wurde Engelbarts Institut zum Aushängeschild und das Stanford Research Institute (SRI) zum ersten Knotenpunkt des *Arpanet* – ebenso wie die Wissensbasis des Instituts in jenem Online System (NLS) verankert lag, in dem sich Engelbarts Träume von einem gruppenbasierten Arbeiten realisiert hatten. All die Entwicklungsstränge, die sich in den 50er-Jahren herauspräpariert hatten – der Mikroprozessor, die allgemeine Programmiersprache, die Idee der Simulation –, hatten in einer überschaubaren

Gruppe von Forschern eine geradezu revolutionäre Energie entfaltet. Grundbedingung dafür war die großzügige Förderung, die das amerikanische Verteidigungsministerium bereitgestellt hatte, eine Förderung, die schon deswegen so bemerkenswert war, weil sie nicht mit konkreten Zielvorgaben verknüpft war, sondern – im Geiste Vannevar Bushs – die Freiheit der Forschung über alles stellte. Auf eine merkwürdige Weise markiert das Hippie-Unternehmen des Stanford Research Institute also die Einlösung jenes Traums, den eine Generation zuvor Vannevar Bush geträumt hatte – nur dass sich statt eines radioaktiv verseuchten Atompilzes eine Wolke der Imagination in den Himmel erhob. Kaum eine Generation, nachdem Vannevar Bush die Vision eines Desktop-Computers entworfen hatte, war all dies Realität – nein, mehr noch, war die Vision von der Realität überholt worden.

13

ÜBER DEN ÄTHER

Im Jahr 1961 war über der Nordpolarmeerinsel Nowaja Semlja ein gigantischer Lichtblitz zu sehen, der sich in eine pilzartige Rauchsäule verwandelte, die gen Himmel aufstieg. Die Schockwellen, die die Zündung der sowjetischen Wasserstoffbombe in der amerikanischen Öffentlichkeit hinterließ, waren freilich noch größer. Denn dieser Test reihte sich in eine Serie von Demütigungen ein: Bereits 1957 hatten die Sowjets mit Sputnik einen ersten Weltraumsatelliten installiert, zudem war es ihnen gelungen, einen Hund in den Weltraum zu schießen; dem wiederum folgte 1961, mit Juri Gagarin, der erste bemannte Weltraumflug. Gewissermaßen war an die Stelle des Freiheitsversprechens (*The Sky Is the Limit*) eine Politik des Himmels getreten. Zwar stellte sich der Kampf der Systeme vornehmlich als Propagandaschlacht dar, gleichwohl besaß er, kriegstechnisch betrachtet, höchst praktische Implikationen. Denn da man bei den eigenen Atombombentests festgestellt hatte, dass die elektromagnetische Pulsation (EMP) nach einem Einschlag alle elektrischen Geräte – und damit auch die Telefone – lahmlegte, kam die Frage auf, wie man gewährleisten konnte, dass Washington im Falle des Falles rechtzeitig über einen Angriff informiert würde. Oder negativ formuliert: Wie konnte man verhindern, dass eine amerikanische Stadt dem Erdboden gleichgemacht würde, ohne dass die Regierung es mitbekam?

Um das Land gegen einen solchen kommunikativen Blackout zu wappnen, gegen den selbst das milliardenschwere SAGE-System wehrlos war, bedurfte es einer vollkommen neuen Lösung. Also wurde der Ingenieur Paul Baran beauftragt, eine Netzlogik zu entwerfen, die imstande wäre, die Nachricht trotz toter Telefonleitungen zu übermitteln. Barans Ansatz sah vor, dass man den letzten verbliebenen Kommunikationsfaden würde finden und nutzen müssen. Dazu wäre die Nachricht nicht nur in alle Himmelsrichtungen zu versenden, man müsste sich zudem den Empfang – und damit die Vitalität des jeweiligen Empfängerknotens – quittieren lassen. Auf diese Weise würde sich (wenn es denn einen solchen noch gab) ein verbliebener Kommunikationsfaden ausfindig machen lassen. Da aber das Hin- und Hersenden der Nachricht einen beständigen Kopierprozess voraussetzte, die Ursprungsbotschaft jedoch schon nach vier

Kopierprozessen im Rauschen unterzugehen drohte, erwies sich eine analoge Sendeform als unzureichend. Barans Einsicht war: Das nukleare Überlebensnetz konnte nur digitaler Natur sein. Nur auf diese Weise ließ sich die Botschaft in unkontaminierter, »jungfräulicher« Form erhalten. Diese Einsicht jedoch veränderte den Status der Nachricht selbst. Denn eine solche Sendung war nicht mehr als Unikat zu begreifen, welches vom Punkt A zum Punkt B geschickt werden muss, sondern, im Gegenteil, als eine Massensendung, die in alle Himmelsrichtungen geschickt wird. Strukturell bestand die Aufgabe also darin, eine Partikelwolke, einen gezielten Fallout zu organisieren. Tatsächlich ist die Zergliederung ein Charakteristikum dieser neuen Sendeart. Im »Packet switching« wird ein Datenpaket in Einzelteile zerlegt und über die verschiedensten Routen zum Adressaten geschickt.

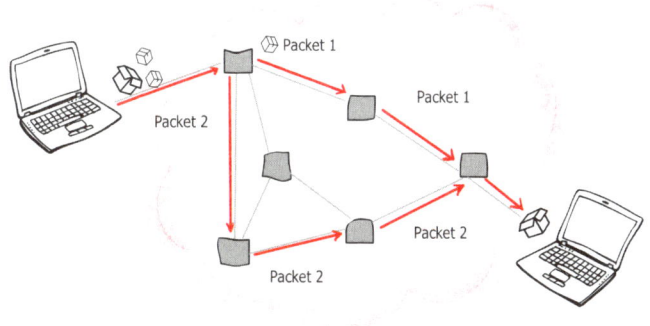

Statt sich auf den heißen Draht zu kaprizieren, ging es darum, ein System von intelligenten Netzknoten zu errichten, welche digitale Datenpakete versenden, quittieren und in Richtung der gewünschten Adresse weiterleiten würden. Nun war das Militär, das die Forschung finanziert hatte, auf eine solch radikale Lösung keineswegs vorbereitet. Baran selbst hatte dies erlebt, als er, auf der Suche nach der perfekten Netztechnik, die militärischen Hierarchien studiert und bei dieser Gelegenheit erkannt hatte, dass es bei der Organisation des Militärs alles andere als militärisch zuging, ja, dass hier ein heilloser Kompetenzwirrwarr, das reinste Tohuwabohu herrschte. Glücklicherweise hatte Präsident Eisenhower, als er infolge des Sputnik-Schocks die ARPA (die *Advanced Research Projects Agency*) ins Leben gerufen hatte, keinen General, sondern einen Psychologieprofessor an ihre Spitze gesetzt, Joseph Licklider, dem ein ebenso zivil gesonnener Informatiker und Religionswissenschaftler nachfolgte, Robert Taylor. Selbiger trat aus Protest gegen den Vietnam-Krieg von seinem Posten zurück – möglicherweise auch deswegen, weil der Fotokopierer-Hersteller Xerox ihm die Leitung eines neu gegründeten Computerlaboratoriums angeboten hatte. In jedem Falle aber war das neue Netz von Anbeginn weniger eine militärische als eine universitäre Angelegenheit, war es Leuten vom Schlage eines Douglas Engelbart vorbehalten, auf diesem Feld zu reüssieren. Im Jahr 1971 jedoch war das Netz noch immer dünn gespannt, ein Rhizom, das aus gerade 36 Netzknoten bestand. Neben militärischen Einrichtungen waren vor allem Universitäten darunter: Stanford und die kalifornische UCLA, die Carnegie Mellon, Harvard und das MIT – ebenjene Uni, an der ein junger Mann namens Robert Melancton Metcalfe gerade seinen Bachelorabschluss gemacht hatte (wobei er die Arbeit während der Busfahrten von den Auswärtsspielen des MIT-Tennisteams verfasst hatte).

Eigentlich müssten wir, bevor wir die Geschichte dieses jungen Parzival erzählen, hier eine Gedenktafel aufstellen, die zeigt, dass die Geschichte nun einen ganzen anderen Verlauf nimmt, als es sich ihre Protagonisten ausgemalt haben. Urplötzlich nämlich bestimmen langhaarige Beatniks die Szene, fühlt sich der Computer zunehmend an wie eine bewusstseinserweiternde Droge. Haben wir (schon mit Holleriths Zensus) den Computer als eine Art Staatsangelegenheit betrachtet, eine Maschine, die für die Landesverteidigung, die Rüstung oder die Luftüberwachung zuständig ist, bewirkt die Verzwergung (und Verbilligung) der Chips, dass immer mehr private Akteure die Bühne betreten. Nicht zufällig fällt diese Entwicklung mit dem Beginn der neoliberalen Denkschule zusammen, die predigt, dass die Interventionen des Staates von Übel, befreite Märkte hingegen die Lösung seien. Folglich wird nicht mehr das Verteidigungsministerium, sondern die Privatwirtschaft die entscheidende Rolle übernehmen, wird jenes transnationale Netz entstehen, das uns als Internet bekannt ist.

Vor diesem Hintergrund ist die Geschichte des jungen Mannes zu lesen, der wie so viele Programmierer ohne Gedächtnis in diese Welt hineingeriet. Nach seiner familiären Vorgeschichte befragt, gibt Robert Melancton Metcalfe zu verstehen, dass seine Familie, mütterlicher- und väterlicherseits, zu den »Viking Americans« gehöre. Der Großvater Kapitän, die Großmutter Mitarbeiterin bei der New Yorker Hafenbehörde (was Geschichten über die Mafia zum Tagesgespräch macht). In der zweiten Generation freilich ist der Wikingergeist schon deutlich erlahmt. Die Ambitionen seines Vaters, eines Luftfahrttechnikers, reduzieren sich auf zwei Lebensziele: einmal, in Ruhestand gehen zu können, zum zweiten, den Sohn aufs College zu schicken. Und weil der Sohn ein gelehriger Schüler ist, bekommt er eine Zulassung fürs MIT, wo er zunächst einen Bachelor in Management, dann in Elektrotechnik macht. Auf den Rat eines Studienkollegen hin belegt er einen Kurs in Computertechnik und bekommt, im Rahmen eines ARPA-Programms, einen Programmierjob. Neben einem stattlichen Salär gewährt dieser das Privileg, in klimatisierten Räumen zu arbeiten. Tatsächlich scheinen derlei Annehmlichkeiten eine größere Rolle zu spielen als weitgespannte Zukunftsvisionen. So ist der Vollzeitstudent und Vollzeitberufstätige mit der Frage beschäftigt, wie man einen Kommilitonen dazu bewegen kann, dass er einem die Wäsche besorgt, vor allem, dass er darauf achtet, dass man jeden Tag ein frisches blütenweißes Hemd anziehen kann (Antwort: mit Geld).

Im Grunde, so könnte man meinen, müsste der Lebenstraum dieses jungen, ehrgeizigen Aufsteigers sich in dem Augenblick eingelöst haben, da er die Zulassung für ein PhD-Studium in Harvard bekommt (nachdem er ein Lehrangebot von der Leland Stanford Junior University ausgeschlagen hat – »denn wer möchte schon für eine Junior University arbeiten?«). Hier jedoch zeigt der junge Mann, dass er seinen eigenen Kopf hat. Denn er habe, so Metcalfe, Harvard von der ersten Minute an gehasst – und sein Hass wächst noch, als die Universität sein Anerbieten, eine Kommunikationssoftware zu schreiben, welche die Universitätsrechner an das ARPAnet anschließt, mit dem Argument ablehnt, dass man damit eine professionelle Firma beauftragen müsse. Die wiederum tritt in Gestalt von *Bolt, Beranek and Newman* (BBN) in Erscheinung – und heuert einen anderen Studenten für diese Aufgabe an. Und so ist es, mehr als alles andere, der Widerstand seiner hochmögenden Lehrinstitution, der Metcalfe umso verbissener der Frage der »Packet Communication« nachgehen lässt. Als er im Juni 1972 seine Dissertation verteidigen will, hat er bereits einen hochdotierten Job in der Tasche.

Dass er sich bei neun Jobangeboten für Xerox PARC in Palo Alto entschieden hat, hat einmal damit zu tun, dass ihm der kalifornische Lifestyle so attraktiv scheint wie die Beach Boys, zum zweiten, dass Xerox seine Bediensteten, auch die langhaarigen Wissenschaftler in Birkenstockschuhen, erster Klasse fliegen lässt.

175

Im Gegensatz zum inständig gehassten Harvard erweist sich das Forschungsinstitut des Kopierer-Tycoons als wahres Eldorado – als Zeitmaschine, wie Metcalfe selbst sagt. In jedem Fall können sich die Energien, welche die ARPA, oder genauer: ihr Leiter Robert Taylor, in den 60er-Jahren angestoßen hat, hier frei entfalten. Denn dies war die Bedingung, unter der Taylor bei Xerox angeheuert hatte: dass man seine Wissenschaftler in Ruhe lasse. So entsteht mit dem Xerox Alto-Computer der weltweit erste PC (der so groß ist wie eine Gefriertruhe), wenig später präsentiert man den ersten Laserdrucker. Des Weiteren werden hier die Postscript-Sprache entwickelt und die Idee des papierlosen Büros propagiert.

Betrachtet man all diese bahnbrechenden Innovationen, stellt sich die Frage, warum Apple, Microsoft oder Adobe zu großen Computerfirmen haben aufsteigen können, während Xerox bei seinen Leisten, also den Kopiermaschinen, geblieben ist. Wie so oft, haperte es an der Fantasie. Offenkundig konnte man sich bei Xerox nicht vorstellen, dass es für all diese mehr oder weniger verrückt anmutenden Erfindungen eine Abnehmerschaft geben könnte. Als bei einer Veranstaltung in Boca Raton, Ende der 70er-Jahre, den Granden der Firma vorgeführt werden sollte, was sich die Wissenschaftler ausgedacht hatten, sahen die Manager lauter Beatniks, die auf Keyboards herumtippten – was ihre Arbeit auf das Niveau einer Sekretärin herabstufte: Gedöns, Frauenkram halt. Nichts, was Beachtung verdient. So blieb der

Alto-Computer dem firmeninternen Gebrauch vorbehalten, ebenso wie das WORD-Textverarbeitungsprogramm, das Charles Simonyi und Paul Allen programmiert hatten. Auch die beiden Adobe-Gründer Chuck Geschke und John Warnock wurden von Xerox mehr oder minder genötigt, eine eigene Firma aufzubauen, in der sie – befreit vom Alb eines fantasielosen Managements – Programme wie Photoshop, Animator oder den Acrobat Reader in die Welt entlassen konnten. Als Steve Jobs sich später bei Bill Gates darüber beklagte, dass dieser das Konzept einer grafischen Bedienoberfläche bei Apple gestohlen habe, sagte Gates, es sei doch wohl eher so, dass Jobs bei dem reichen Nachbarn Xerox eingestiegen sei, um den Fernseher zu stehlen, nur dass er habe feststellen müssen, dass ihm ein anderer Dieb, nämlich Gates, zuvorgekommen sei.

Als Metcalfe in Kalifornien landete, war Xerox PARC eine gerade aufblühende Forschungseinrichtung, in der alle erdenklichen Zukunftsprojekte auf offene Ohren stießen. Bis auf eines: Metcalfes Bestreben, alle genutzten Gerätschaften, den Rechner, den Bildschirm, den Drucker, miteinander zu verbinden. Hemmnis waren weniger die Geschäftsleitung als die lieben Kollegen, die sich in ihrer freien Entfaltung gestört fühlten – oder den Verdacht hegten, dass ein Nachbar unbemerkt auf ihrem Schreibtisch wildern könne. Als Metcalfe sich daranmachte, zur Vernetzung der Computer ein handelsübliches Koaxialkabel zu nutzen, hagelte es Einwände. Als Kardinalfehler (und als Beleg, dass sein System nie funktionieren könne) wurde ihm angekreidet, dass die Versendung eines Datenpakets nicht mit hundertprozentiger Sicherheit, sondern nur mit einer hochprozentigen Wahrscheinlichkeit erfolgen konnte. In der Praxis erwies sich dies als keinesfalls problematisch: denn jeder Fehler wurde protokolliert und hatte einen erneuten Versand zur Folge.

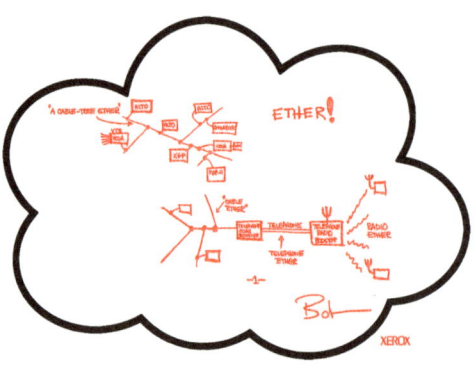

Der Erfolg gab Metcalfe recht. Das System, das er schließlich als Ethernet präsentierte, hatte eine für die damalige Zeit atemberaubende Geschwindigkeit, ganze 2,94 Megabit pro Sekunde. Noch in den 80er-Jahren, als akustikgetriebene Modems den Markt eroberten, galten 9800 Baud (also ein Dreihundertstel dieser Informationsmenge) als schnell. Metcalfes Ethernet wurde installiert, und schon bald begannen die Wissenschaftler, die Möglichkeiten des Netzes zu nutzen, sei es, dass sie auf den gemeinsamen Laserdrucker zugriffen, den eigenen Computer von außen einer Untersuchung unterzogen oder sich gegenseitig E-Mails zuschickten (auch das berühmte @-Zeichen hat hier seinen Ursprung). Wie schnell man sich an derlei Annehmlichkeiten gewöhnte, machte die Reaktion auf einen Netzausfall deutlich: Kaum fünf Minuten später nämlich standen sämtliche Wissenschaftler in Metcalfes Büro, um sich nach dem Grund der Störung zu erkundigen.

Mochte sich das Ethernet wie eine Art angenehme Hintergrundmusik anfühlen – es war nichts Geringeres als eine Gesellschaftsrevolution. Denn hier tickten schon all jene Konzepte, die erst mit großer Verspätung in unserer Internetökonomie Massenwirkung entfalten: das Teilen (Sharing) von Ressourcen, die Möglichkeit des verteilten Rechnens (Distributive Computing), die Ubiquität der Information (die Logik der Cloud), die Gruppenarbeit. Hatte die Firma den Wissenschaftlern zu Beginn den Anschluss ans Netzwerk freigestellt, so war nun klar: Das Netzwerk ist keine Option, sondern eine soziale Notwendigkeit. Und hier kommen wir zu jenem Gesetz, das Metcalfes Namen trägt, aber zum Leidwesen seines Erfinders sehr viel unbekannter geblieben ist als das Moore'sche Gesetz, das uns alle zwei Jahre eine Verdoppelung der Prozessorengeschwindigkeit verheißt. Metcalfes Gesetz erfasst den Wert von miteinander verbundenen Netzwerken, also den sogenannten Vernetzungseffekt. Kommt man bei zwei Mitgliedern auf eine Verbindung, haben wir bei drei Mitgliedern drei, bei vier Mitgliedern sechs, bei fünf Mitgliedern zehn Verbindungen.

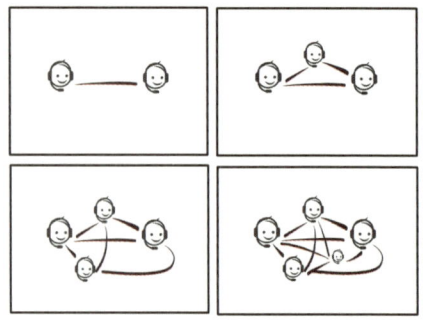

Ist die Anzahl dieser Verbindungen noch überschaubar, kommt es doch zu einer exponentiellen Steigerung. Stellen wir uns nur vor, dass die Einwohner einer Kleinstadt von 20000 Einwohnern alle miteinander vernetzt sind, so kommen wir bereits auf mehr als 199 Millionen Verbindungen.

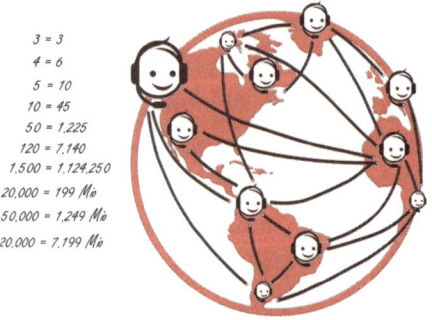

Und nehmen wir Facebook mit seinen Nutzer-Milliarden, ist die Zahl der potenziellen Verbindungen so groß, dass wir die Zahl kaum auszusprechen wüssten (eine

Zahl mit neunzehn Nullen). In jedem Falle aber beschreibt Metcalfes Gesetz einen tief greifenden Wandel. Haben sich die alten Gemeinschaften stets im Rahmen einer Religion, einer Flagge oder eines sonstigen Symbols etabliert, hat man es nun mit einer elektrisierten Netzgemeinde zu tun, einer Massengesellschaft, die sich, in ihrer Feldstärke, über alles bis dato Gesehene erhebt. Daher der Respekt, den man den neuen Monopolisten entgegenbringt: Facebook, Google, Amazon.

Fragt man Robert Metcalfe, worin die eigentliche Innovation des Ethernet besteht, erlebt man eine Überraschung. Ein »Nerd« würde wohl auf die Besonderheit seiner Erfindung, ein Ingenieur auf ihre Leistungsfähigkeit abheben, doch Metcalfe gibt an, dass sein eigentlicher Kunstgriff in der Erfindung des Wortes bestanden habe. Die Bedeutung der Namensgebung habe sich ihm in einem Seminar von Jay Forrester erschlossen (ja, genau, dem Meister der Simulation). Dieser nämlich habe seine Studenten genötigt, einen Essay ganze dreizehn Mal zu überarbeiten, so lange, bis jedes einzelne Wort Hand und Fuß gehabt habe. Folglich habe er lange über die Benennung seines Netzes nachgedacht. Warum ist hier vom *Ether*, also dem Äther, die Rede? Selbstverständlich wusste Metcalfe, dass das geheimnisvolle Äther-Medium, an das die Physik des 19. Jahrhunderts noch geglaubt hatte, nicht existierte – das hatten die Physiker Michelson und Morley in ihrem berühmten Experiment von 1887 nachgewiesen. Jedoch hinderte ihn dieses Bewusstsein nicht, das Wort zu recyceln und als Synonym für die künftige Allgegenwart der entstehenden Netzwerke zu nutzen. Denn nicht die Beschaffenheit des jeweiligen Netzes sei entscheidend (ob über Kabel, Radio- oder Mikrowellen verbunden), sondern der Umstand, dass das Networking unsere Kommunikation bestimmen wird. Allein der Blick aus dem Fenster lehrte ihn dies: Rund um das Forschungslabor von Xerox PARC entstand jene Community, die die Logik des Netzwerks auch im Sozialen abbildete: Silicon Valley.

Als Metcalfe nach achtjähriger Dienstzeit bei Xerox PARC die Gesellschaft verließ, war es Steve Jobs, der ihm sein »Netzwerk« zur Verfügung stellte. 1979 schließlich wurde Metcalfe von DEC, damals der zweitgrößte Computerproduzent der Welt, gebeten, ein Ethernet für die firmeneigene PC-Sparte zu entwerfen. Was folgte, war die Übertragung seiner technischen Einsichten auf die soziale Ebene. Denn wie Grace Hopper es fertiggebracht hatte, unterschiedlichste Bastler und Tüftler auf eine gemeinsame Programmiersprache hin zu verpflichten, gelang Metcalfe das Kunststück, Xerox, DEC und Intel dazu zu bewegen, das Ethernet zu einem offenen, regierungsapprobierten Standard zu machen. Dies war die Geburtsstunde der Firma 3com, die Ethernetkarten für Personal Computer vermarktete, bevor sich der PC als verkäufliche

Massenware, geschweige denn die Einsicht in die Not-wendigkeit der Geräte-Vernetzung durchgesetzt hatte.

Damit war die zweite Karriere des Robert Metcalfe vorgezeichnet, die ihn in der Rolle des Entrepreneurs, des Publizisten, des Risikokapitalgebers und zuletzt des Professors für Innovation zeigt. Ein Charismatiker, der, kaum dass er die Bühne betreten hat, Präsenz ausstrahlt, ohne doch von der Idee abzulenken, die ihn antreibt. Tatsächlich wird Metcalfe nicht müde, die Erfahrung jenes Geistesblitzes zu verbreiten, die sein Leben beglei-tet hat: dass sich binnen kürzester Zeit eine Form der Dis-ruption, ein Moment der kreativen Zerstörung ereignen kann. Warum soll, was im Feld der sozialen Netzwerke passiert ist, sich nicht im Feld der Energie wiederholen? Ist die Erde nicht so etwas wie ein thermonuklearer Reaktor? Der unterdessen weißgewordene, aber noch immer unerschütterlich jugendlich wirkende Metcalfe schließt seinen Bericht mit einer Anekdote, die die Anfänge unserer vernetzten Gesellschaft illustriert: Er beschreibt, wie sein jüngeres Hippie-Selbst im Jahr 1972 die Aufgabe hatte, einer Gruppe von AT&T-Repräsentan-ten die Vorzüge des Arpanet zu demonstrieren. In der Mitte der Vorführung bemerkt er, dass die Verbindung bricht und der Druck auf die Tastatur nur ein tödlich lee-res Klappern zur Folge hat. In seiner Verwirrung schaut er zu den umstehenden Herren in Nadelstreifen auf, um sich für die Unpässlichkeit zu entschuldigen. Aber die Herren lächeln. Verzückt geradezu. Denn sie sind sicher, dass dieses merkwürdige Netz sie bis zu ihrer Verrentung nicht weiter behelligen wird.

Bis allerdings das World Wide Web aus der Taufe gehoben wird, vergeht ein weiteres Jahrzehnt. Im Jahr 1989 sitzt Tim Berners-Lee, ein junger Physiker, am Genfer CERN und denkt darüber nach, wie man ein Informationssystem schaffen kann, das auf Veränderungen reagieren kann. Diese Frage, in der die Problematik von Vannevar Bushs Memex-Apparatur nachglüht, hat einiges mit der Arbeitswelt des jungen Mannes zu tun, denn am CERN, der Europäischen Organisation zur Erforschung der Kerntechnik, forschen gleich einige Tausend Mitarbeiter. Eigentlich stünde alles zum Besten. Man verfügt über vernetzte Computer, Diskussionsgruppen, Datenbanken, auf die ein jeder Zugriff besitzt. Die Vision des jungen Mannes freilich ist eher von der Art eines Douglas Engelbart: die Vorstellung einer Weltintelligenz, auf die jedermann zugreifen kann. Was fehlt, ist eine Hypertext-Architektur, die es erlaubt, mühelos von einem Netzknoten zum nächsten überzuwechseln. Und so setzt Berners-Lee sich hin und entwickelt die Grundzüge der *Hypertext-Markup-Language*, HTML, die Logik eines weltweiten Adress-Systems (URLs), die Architektur des *Hypertext Transfer Protocols* (HTTP), das einem fremden Computer einen beschränkten Zugriff auf einen anderen Computer erlaubt. Die Grundidee ist die Freiheit, die in der fallenden Berliner Mauer gerade ihre machtvolle Bestätigung erlebt. Anders als zuvor, da einsame Monolithen das

Geschick der Welt bestimmt haben, soll das World Wide Web keinen Besitzer haben.

Wie Robert Metcalfe anderthalb Jahrzehnte zuvor, trifft auch Tim Berners-Lee auf verschlossene Ohren, freundliches Desinteresse, halbherzige Aufmerksamkeit. Aber da das Internet bereits existiert, melden sich immer mehr Forscher, die seine Fantasie teilen – macht sich, der Metcalfe'schen Logik folgend, der Netzwerkeffekt bemerkbar. Und weil die Standards Allgemeinbesitz sind, kann die Idee des schüchternen Forschers zum heißgeliebten Projekt einer Schwarmintelligenz werden: der Verheißung, dass alles Glück der Welt nur einen Mausklick entfernt liegt.

14

DAS GENIE DER MASSE

Wie man nicht von der Schwerkraft reden kann, ohne
vom Apfel zu reden, kommen auch wir nun auf den Apfel
zurück, der das Schneewittchen in seinen gläsernen Sarg
befördert hat – und in seinem Gefolge auch Alan Turing.
Tatsächlich ist eine der größten Merkwürdigkeiten in
unserer Geschichte, dass sich gewisse Motive wiederholen – nur häufig auf seltsam verschobene, geradezu ver-
schrobene Weise.

Dabei scheinen die Gründe, die
Steve Jobs bewogen hatten, seine
Firma »Apple« zu nennen, von
dieser Vorgeschichte unberührt:
Er war auf den Namen gekommen, weil eine Firma nun mal
einen Namen haben muss und

Matrix oder *Personal Computer Inc.* ihm nicht attraktiv genug schienen. Da er gerade eine Frutarierdiät gemacht hatte, ja, bei seiner Arbeit auf der *All One Farm* Spaß am Beschneiden der Apfelbäume gehabt hatte, war er auf den Apfel verfallen. Das klang schwungvoll und dynamisch und hatte den Vorteil, dass man im Telefonbuch vor dem Konkurrenten Atari stehen würde. Andererseits war das Bild des angebissenen Apfels kein sonderlicher Geniestreich, hatten doch schon die Beatles dieses für ihr Plattenlabel auserkoren. Trotzdem hat kein Pionier der Computerkultur die kollektive Fantasie stärker beschäftigt als Steve Jobs. Apples Weg von der Garage zum wertvollsten Unternehmen der Welt ist zum modernen Mythos geworden, endlos besungen, erzählt und verfilmt.

Auch wenn die Biografie des Schöpfers langsam verblasst, Jobs' Produkte (vom Macintosh, iMac, iPod, iPad, iPhone, iTunes bis zum AppStore) sind zu Ikonen des Alltags geworden. Die Massen, die zu den Apple Stores pilgern, begreifen sich als Mitglieder einer Gemeinschaft, die man abschätzig eine Kirche des Nichts, ebenso gut aber auch einen Lifestyle nennen könnte. Oder stärker noch: eine soziale Plastik. Und vielleicht kommt diese Betrachtungsweise der Vita, aber auch dem Selbstverständnis des Apple-Erfinders am nächsten. Denn Jobs verstand sich weniger als Unternehmer denn als Künstler. Worin bestand seine Kunst? Darin, dass er seine Produkte nicht als tote Dinge, sondern als animierte Wesen begriff, als Zauberspiegel, in denen der Nutzer, in veredelter

Form, sich selbst wiedererkennt. So galt ihm das Schnee-weiß eines Geräts nicht als Oberflächenphänomen, son-dern als nach außen gestülpte Seele; ebenso verstand er das Auspacken des Geräts nicht als bedeutungslosen Akt, sondern als ein Ereignis, das inszeniert und von Patenten geschützt werden musste (wo hat es das zuvor gegeben: ein Patent auf Verpackungsmaterial!?).

In seiner Fixierung auf die Makellosigkeit seiner Pro-dukte verlangte Jobs, dass die Fabriken, in denen seine Fetische gefertigt wurden, staubfrei sein sollten. Keine Kompromisse! Weil er es nicht ertrug, minderwertige Dinge um sich zu haben, dachte er wochenlang über den Kauf einer Waschmaschine nach – oder mutete es seinen Gästen, in Ermangelung eines kaufwürdigen Sitzmöbels, zu, auf dem Boden zu sitzen. Dass dieses Streben nach materieller Perfektion in einer Welt stattfand, die sich dematerialisierte und zu einer sozialen Plastik auflöste, mag paradox anmuten – in der Vorstellungswelt des Steve Jobs jedoch war es die höchste Maxime: Nicht das Sein, nein, das Design bestimmt das Bewusstsein.

Mag sein, dass bei alledem auch der *Genius loci* seine Hände im Spiel hatte. Aufgewachsen im kalifornischen Mountain View, wo William Shockley die erste Halb-leiterfirma gegründet und Robert Noyce zunächst Fair-child, dann Intel ins Leben gerufen hatte, keine halbe Stunde von Douglas Engelbarts Stanford Research Insti-tute oder den Räumen von Xerox PARC entfernt, gehörte Steve Jobs der ersten Generation an, die den Geist des

Silicon Valley atmete – ohne es zu wissen. Was ihn prägte, war das Eichler-Haus, in dem er aufwuchs: preisgünstig, modern, von jener Einfachheit, bei der die Form die Funktion hervortreten lässt (wie später der iMac in seiner farbigen Hülle seine Innereien preisgeben sollte). Ein intelligentes, aber aufsässiges Kind, entwickelte Jobs, neben einer ausgeprägten Willensstärke, ein Gefühl der Erwähltheit – was wohl mit der rätselhaften Herkunft des verstoßenen Adoptivkinds zu tun hatte. Umgeben von Wunderdingen (Solarzellen, Transistoren, Radar), explodierte in seiner Jugend das Lebensgefühl seiner Generation. So begann Jobs mit LSD, ja mit allem möglichen zu experimentieren: Urschreitherapie, vegane Ernährung, Zen. So tief war das Bewusstsein des Renegaten in ihm verankert, dass er, als er sich in seiner eigenen Firma an den Rand gedrängt sah, eine Piratenflagge über seiner Abteilung hisste. Selbst als CEO eines milliardenschweren Unternehmens empfand sich Jobs nicht als Teil des Establishments, sondern als Protagonist der Gegenkultur – ein Rebell, der sich weniger mit Controllern und Unternehmensberatern als mit Künstlern und Designern umgab.

Im Kontext des Silicon Valley war Kunst keine museale Veranstaltung, sondern praktische Utopie. Wie Marcel Duchamp, der in den industriell gefertigten Dingen *ready mades* sah, die mit einem Pinselstrich zum Kunstwerk geadelt werden konnten, begriff Jobs die Welt als einen Baukasten, der nach Belieben neu zusammengesetzt werden konnte. Im Grunde war es nicht anders als früher, da er mit seinem Adoptivvater (einem Mechaniker, der alte Autos frisierte) über die Schrottplätze gewandert war und nach kostbaren Einzelteilen geforscht hatte. Wenn aber die Welt eine Bescherung ist, besteht die Kunst darin, sie neu zusammenzusetzen. Dabei tat sich Jobs weniger als Erfinder oder genialer Programmierer hervor, sondern als derjenige, der mit einem schnellen Blick die Gelegenheit, das große Ganze erfasste. Als der Siebzehnjährige im *Homebrew Computer Club* den gleichgesinnten Steve Wozniak kennenlernte, dem es gelungen war, aus handelsüblichen Teilen einen eigenen Computer zusammenzubauen, begann eine Freundschaft, die (wie alles in seiner Biografie) die Züge einer Vereinnahmung trug. Oder wie der umgängliche Wozniak sagte: »Jedes Mal, wenn ich etwas Großartiges entwickelt hatte, fand Steve eine Möglichkeit, es in klingende Münze umzusetzen.«

Die Initialzündung, mit der ihre Zusammenarbeit begann, war die Entdeckung, dass man über eine bestimmte Klangfrequenz Telefongesellschaften austricksen und umsonst Ferngespräche führen konnte. Während Wozniak einen Schaltkreis vor Augen hatte, erfasste Jobs das Produkt: eine Blue Box, mit der man kostenfrei in den Vatikan, nach Finnland, Tokio, ja in die ganze Welt telefonieren konnte. Und weil sich dieses Wunderding in Studentenkreisen blendend verkaufte, erkannte Jobs, dass eine Firmengründung nicht in der Ferne, sondern in den Händen zweier Halbwüchsiger lag. Nach einem

Job bei der Computerfirma Atari verschleuderte Jobs den College-Fonds seiner Eltern in einer teuren Privatuniversität, wo er lediglich die Kalligrafiekurse besuchte; dann lebte und arbeitete er eine Zeit lang in einer Kommune, wo er für das Beschneiden der Äpfel zuständig war, schließlich pilgerte er (mithilfe von Atari, welche den schlecht riechenden, barfuß daherkommenden Hippie zur Münchner Dependance geschickt hatten) nach Indien. Hier fand Jobs zum Buddhismus und der Einsicht, die sein Leben begleiten sollte: Gott liegt im Detail. Einfachheit ist die größte *Sophistication*. Äpfel gedeihen, wenn man sie beschneidet. Und weil dem Reinen alles rein ist: Wozu duschen, wenn man sich einer Frutarierdiät unterzieht?

Nach Amerika zurückgekehrt, entfaltete der College-Dropout ungeahnte Energien. Binnen Kurzem verwandelte er die väterliche Garage in eine Fertigungsstätte, wo Wozniak, Jobs und sein Vater Paul die ersten fünfzig Exemplare des Apple-I-Computers zusammenlöteten. Im Januar 1975 hatte die Zeitschrift *Popular Electronics* den ersten Bausatz für die Heimkonstruktion eines Computers vorgestellt; insofern war es nur eine Frage der Zeit, dass sich Wagemutige an die Aufgabe machen würden. Jobs hatte den Besitzer des »Byte-Shops«, einen Kleinhändler, überzeugen können, einige Exemplare dieses

Selbstbaucomputers zu ordern. In gewisser Hinsicht waren die Garagenaktivitäten im Hause Jobs weniger revolutionär als vielmehr Folge eines rätselhaften Blackouts. Denn wie wir gesehen haben, verfügte die Firma Xerox bereits 1973 über einen PC mit Maus, grafischer Oberfläche, einem Textverarbeitungssystem und Ethernet-Anschluss – ein Gerät mithin, wie es Apple erst ein Jahrzehnt später entwickeln sollte. Doch da die Firmenoberen bei Xerox die Arbeit der Entwickler als »Sekretärinnenarbeit« abgetan hatten, waren sie sich einig darüber, dass auch der PC kein ernst zu nehmendes Produkt sein konnte. Die Geistesträgheit des oberen Managements war die Chance der Bastler, welche die Bauteile (die von den raumgroßen Ungetümen der 50er-Jahre auf Fingernagelgröße zusammengeschrumpft waren) in Radioshack-Läden erwerben konnten.

Was Steve Jobs von seinen Konkurrenten unterschied, war, dass er von Anbeginn auf ein formschönes, einfach zu bedienendes Gerät erpicht war. Jede Einzelheit, vom Gehäuse bis zum Netzteil, ja, bis zum ästhetischen Design der Platine, war sorgsam durchdacht. Und weil er, anders als Wozniak, nicht selbst programmierte, ging es Steve Jobs vom ersten Tag an vor allem darum, was Nutzererfahrung bedeutet. Folglich war die Empathie, die innige Verbindung mit dem Gerät, die Maxime des neu gegründeten Unternehmens: »Wir werden Ihre Bedürfnisse besser verstehen als jede andere Firma.« Als die jungen Unternehmer ihre Prototypen auf einer Messe im Jahr

1977 vorstellten (ein Ereignis, das Jobs perfekt inszenierte), war die Resonanz groß. Sehr bald waren Risikokapitalgeber zur Stelle, die die Gründer mit dem nötigen Startkapital ausstatteten.

Trotz des großen Erfolgs begriff Jobs, dass der Apple-Computer noch weit hinter dem zurückblieb, was die Entwicklungsabteilung von Xerox PARC hergestellt hatte. Und hier gelang ihm sein eigentliches Meisterstück: Er schaffte es, sich im Gegenzug für 10 000 Apple-Anteile die Nutzungsrechte für die Xerox-Patente zu sichern, zudem konnte er die begabtesten Wissenschaftler (wie Alan Kay und Larry Tesler) für Apple gewinnen. Der große Künstler, wie Jobs vollmundig erklärte, kopiert nicht, er stiehlt. Und natürlich stammte auch dieser Satz nicht von ihm, sondern war von Picasso geklaut.

Als Apple 1980 an die Börse ging, war Steve Jobs ein gemachter Mann. Erstmals nämlich war es gelungen, den Computer zu einem erschwinglichen Alltagsgegenstand zu machen. Dies war nicht allein Jobs' persönlicher Verdienst. Der rapide Preisverfall und die Fortschritte der Prozessortechnik hatten dazu geführt, dass sich nun auch Zwerge auf die Schultern des Riesen stellen konnten. Nicht bloß, dass Jobs seine Chance ergriff, zudem wurde er zum Gesicht der Revolte, verlieh er dem Kauf eines PC doch das Gepräge einer bewusstseinserweiternden Maßnahme. Zur Markteinführung des Macintosh hatte der Regisseur Ridley Scott einen Spot beigesteuert, in dem eine junge Sportlerin einer gleichgeschalteten, von einer

Orwell'schen Big-Brother-Gestalt kontrollierten Masse einen Hammer entgegenschleuderte. Beim Durchschlagen der Projektionsfläche wurde der Bildschirm weiß – als hätte ein Geistesblitz jegliche Erinnerung an die dunkle, totalitäre Vorzeit ausgelöscht. Mit diesem Spot, der während des Super Bowl 1984 erstmals ausgestrahlt wurde, wurde der Computer zum Massenprodukt. Ein leicht zu bedienendes, anschmiegsames Fetischgerät, das im Kopf hängen blieb, unter die Haut ging und sich im Geflecht der Nervenzellen verfing.

Wurde Steve Jobs darüber zum Schutzheiligen aller User, gebärdete er sich firmenintern wie ein Tyrann. Dabei fielen seine Wutausbrüche, sein Körpergeruch oder die Marotte, seine Füße zum Stressabbau in die Toilette zu stecken, noch ins Register des Allzumenschlichen; gravierender war, dass er geradezu zwanghaft damit beschäftigt war, seine Freunde zu verraten, Mitarbeiter herabzuwürdigen und fremdes Gedankengut zur eigenen Leistung zu erklären. In der Firma war es eine stehende Redeweise, dass man sich in der Welt des Steve Jobs in einem *Reality Distortion Field* bewegte, in dem Wahrheit und Dichtung nach Belieben verkrümmt werden konnten. Sein bizarres Auftreten führte schließlich dazu, dass sich der Vorstand gegen ihn wandte und ihn von seinen Aufgaben entband. Könnte man den Evangelisten des Konsums als einen Piloten des Neoliberalismus auffassen, nimmt die Geschichte des genialen Vermarkters hier eine Wendung, die nichts mit kapitalistischer

Berechnung, alles hingegen mit seiner Vision von den beseelten Dingen zu tun hat. Denn dass die Animationsfirma Pixar, die von abtrünnigen Disney-Mitarbeitern gegründet worden war und in die Steve Jobs nun einen Teil seines Vermögens investierte, zum Triumph werden sollte, war keineswegs absehbar; allein Jobs' unerschütterlicher Glaube machte Filme wie *Toy Story*, *Ratatouille* oder *Wall-E* möglich. Think Different! Und so flehte der von Controllern heruntergewirtschaftete Apple-Konzern seinen Gründer an, zurückkommen.

Jobs' Rückkehr war ein nicht enden wollender Triumphzug. Denn was immer er anfasste, wurde zum Erfolg, der gelegentlich weltverändernde Züge besaß. In seinen Händen verwandelten sich Produkte zu Fetischobjekten, wie auch die Apple Stores (die Jobs als schneeweiße Schneewittchensärge konzipiert hatte) zu Kultstätten wurden, zu denen die Konsumenten pilgerten wie einst die Gläubigen an die heiligen Stätten. Wenn der Kapitalismus eine Religion ist, war Steve Jobs ihr Prophet – derjenige, der noch das Verschwinden der Dinge zum Kultereignis machte.

Nicht das Produkt sollte im Apple-Store im Vordergrund stehen, sondern das, was mit ihm angestellt werden kann. Hier liegt der Schlüssel zu seinem Erfolg: Ein Produkt ist ein Fetisch, der solange auf seine Projektionsfähigkeit hin untersucht worden ist, bis er zum Spiegel seines Benutzers wird. Wenn also die Apple Stores pro Quadratmeter mehr Umsatz erzielen als irgendeine andere Warenhauskette, ist dies ein Beleg dafür, dass man in der Aufmerksamkeitsökonomie nicht mehr um dingliche Objekte, sondern um narzisstische Größenfantasien kreist, die Verheißung, dass sich das gesichtslose Massewesen über die Inbesitznahme eines Fetischobjekts zum Individualisten verwandelt.

Indes funktioniert die Logik der Verführung nur dort, wo man ihr gläubig erliegt, der Zauberspiegel also ein unverstandenes, dunkles Objekt der Begierde bleibt. Nicht zufällig war Jobs von Anbeginn so sehr auf die Integrität seiner Produkte erpicht, dass er seine Geräte, durch Verwendung von nicht handelsüblichen Schrauben, davor bewahren wollte, von Unbefugten auseinandergenommen zu werden. Dieser Abschließungslogik folgend, wurde Apple selbst zu dem, was Jobs stets bekämpft hatte: eine Blackbox, ein sinistrer, undurchdringlicher Machtpol. Wie lange aber kann ein geschlossenes System in einer Welt der offenen Systeme bestehen? Solange der Zauber des Künstlers und die Magie der Verpackungskunst anhalten.

15

DER MANN VOM MARS

Zweifellos, wir befinden uns in der postheroischen Epoche der Computerkultur. Die Apparatschiks haben die Macht übernommen – und mit ihnen ist eine lärmende Mut- und Fantasielosigkeit eingekehrt. Wie hat der Venture-Kapitalist Peter Thiel gesagt? »Wir haben von fliegenden Autos geträumt, stattdessen haben wir 140 Zeichen bekommen.« Vor diesem Hintergrund erscheint eine Gestalt wie Elon Musk wie ein Comic-Held aus dem Marvel-Universum – wie Tony »Iron Man« Stark, dessen Leinwandexistenz die Züge Elon Musks trägt. Mag sein, dass uns der Tesla eine Vorahnung künftiger Automobilität beschert – was aber hat Elon Musk in der Ruhmeshalle der Computerkultur zu suchen?

Der Schlüssel zu dieser Frage liegt in einem kleinen Computerspiel, das ein 12-jähriger Südafrikaner, kurz nach dem Erhalt seines Commodore VIC-20, programmierte und der Zeitschrift PC and Office Technology zusandte. Diese wiederum druckte den Quellcode des Spiels ab und ließ dem Verfasser, E. R. Musk, ein Honorar von 500 Dollar zukommen. Mochte Blastar (als Kopie eines Arcade-Games) nicht sonderlich einfallsreich sein, so erwies es seinem Erfinder, als mentales Schutzschild und Anti-Realitätsprinzip, doch hervorragende Dienste. Schon als Kleinkind war Elon regelmäßig in Trancen verfallen, während derer er unansprechbar war – was seine Eltern dazu veranlasste, das Kind auf Taubheit hin untersuchen zu lassen. Indes waren diese Absencen nichts als Wach-träume, welche den Jungen gegen die Außenwelt im-munisierten – wie die Science-Fiction-Bücher aus der Leihbibliothek, die er verschlang, bis er, mangels Ange-bot, dazu überging, seinen Wissensdurst mit der Lektüre der Encyclopædia Bri-tannica zu befriedigen.

Zwar waren die wirtschaftlichen Umstände der Familie durchaus kommod, dennoch erlebte Musk keine behütete Kindheit. Nach der Scheidung der Eltern waren er und sein jüngerer Bruder zum Vater gezogen, einem Ingenieur, der eine befremdliche Leidenschaft für sadistische Psy-chospiele hegte. Neben diesen häuslichen Übergriffen musste sich der Träumer Elon in der Schule einer Gang erwehren, die ihn beständig verprügelte, einmal sogar lebensgefährlich verletzte. Umgeben von der Brutalität des Apartheid-Südafrikas, erschien ihm der Computer wie eine Botschaft aus einer anderen Welt, eine extraterrestrische Ordnung, die zum eigentlichen Habitat des Halbwüchsigen wurde. So sann er, wenn er sich nicht gerade mit *Dungeons and Dragons*-Rollenspielen vergnügte, ernsthaft über die Möglichkeiten der Raumkolonisierung, papierlose Banken und Solarenergie nach – jene Themen, die er später mit aller Verve verfolgen sollte.

Mit siebzehn Jahren macht sich der junge Mann nach Kanada auf, nachdem er die Zusage für einen Studienplatz an der Queen's University in Ontario erhalten hat. Früh legt er einen bemerkenswerten Geschäftssinn an den Tag: Zusammen mit einem Mitbewohner, mit dem er sich ein 14-Zimmer-Haus teilt, veranstaltet er Partys für Hunderte Gäste. Weil diese jeweils fünf Dollar Eintritt bezahlen, reicht ein solcher Abend aus, um die Unkosten eines ganzen Monats zu decken. Dessen ungeachtet ist der Partykönig ein fleißiger Student, der in kurzer Zeit einen Bachelor in Physik absolviert, danach einen Ökonomie-Abschluss am renommierten Wharton-College. Seine Themen: Superkondensatoren als Antriebsmittel, Sonnenenergie, die Machbarkeit einer digitalisierten Weltbibliothek. Anlässlich eines Praktikums beim *Pinnacle Research Institute* im Silicon Valley sieht er sich vor die Entscheidung gestellt, ob seine Zukunft in der Computerspielprogrammierung oder in der wirklichen Welt liegen soll. Weil er der Überzeugung ist, dass alles auf physikalische Fragen zurückgeht (*Take it down to the physics!*), zieht er 1995 nach Kalifornien, um eine Doktorarbeit im Fach angewandte Physik und Werkstofftechnik zu beginnen. Jedoch fällt diese Arbeit dem Engagement für ein Start-up zum Opfer. Mit 28 000 Dollar vom Vater unterstützt, programmieren Elon und sein Bruder Kimbal ein Ortungssystem, das die Logik der Gelben Seiten auf ein Internet-Kartensystem überträgt.

Mit dem Arbeitsethos eines Besessenen und der Moral eines Samurai, der eher gewillt ist, Seppuku zu begehen, als sich in die Niederlage zu fügen, stürzt sich Musk in diese Aufgabe, schläft im Büro und duscht beim nahegelegenen YMCA. Um die Investoren zu beeindrucken, verkleidet er seinen bescheidenen Computer mit einer Verschalung, einer überdimensionierten Box, und lässt ihn zu den Demonstrationen ins Zimmer rollen – ein Theatercoup, der der jungen Firma prominente Kunden wie die *New York Times* oder die *Chicago Tribune* einbringt. Weil das Unternehmen mit der Unterstützung durch Start-up-Gelder fremden Einfluss in Kauf nehmen muss, wird Musk, der um der Perfektion des Produkts willen eine herzliche Rücksichtslosigkeit den Mitarbeitern gegenüber walten lässt, ein älterer CEO vor die Nase gesetzt. Bald schon beginnen professionelle Programmierer seinen für Dritte unverständlichen »Spaghetti-Code« zu entwirren und auf handliche Module einzudampfen.

Trotz dieser Widrigkeiten ist *zip2* ein großer Erfolg – und macht den 27-Jährigen kurz vor dem Platzen der Dotcom-Blase zum Multimillionär. Als Selfmade-Man im viel zu großen Jackett erscheint Musk wie die Karikatur seiner Zeit, ein Goldgräber, der sich von CNN dabei ablichten lässt, wie er sich einen McLaren liefern lässt – und begleitet von einer schönen Frau davondüst. Haftet ihm dieses unvorteilhafte Blender-Image über Jahre an, so hat es doch nicht das Geringste mit seinen wirklichen Ambitionen zu tun. Denn anstatt sich den Freuden des Lebens hinzugeben, stürzt sich Musk kopfüber in das nächste, sehr viel waghalsigere Projekt. Mit seiner neu gegründeten Firma X.Com nimmt er die Hälfte seines aufgehäuften Erlöses, ganze 12 Millionen Dollar, und schickt sich an, den Bankensektor umzukrempeln. Trotz aller Regularien erscheint ihm die Herausforderung nicht sonderlich groß: Geld, so sagt er später vor Studenten in Stanford, hat eine niedrige Bandbreite – man braucht keine besondere Infrastruktur, um diesen Markt zu bespielen. Zwar ist diese Intuition grundsätzlich nicht falsch, dennoch gestaltet sich die Aufgabe schwieriger als erwartet. Denn Musk hat vor allem mit seinen Ansprüchen an die Mitarbeiter zu kämpfen, die ihm in Scharen davonlaufen – und ihn nötigen, abermals auf Risikokapital zurückzugreifen. Indes wirkt der Stress wie ein Energetikum, das ihn in den Zustand kaltschnäuziger Hyperrationalität versetzt. So wird die Firma, aus dem Nichts, zu einem überwältigenden Erfolg: dem ersten

Exempel viralen Marketings. Da jeder Kunde ein Startguthaben von zwanzig Dollar erhält (und wiederum zehn Dollar für jeden Kunden, den er für die Plattform wirbt), verfügt die Firma innerhalb eines halben Jahres über 200 000 Kunden. Aus der Fusion mit dem Hauptkonkurrenten, Peter Thiels Confinity, geht PayPal hervor.

Als Musk sich gerade auf Hochzeitsreise befindet, kommt es abermals zur Verschwörung gegen den eigenwilligen Firmenchef. Musk wird entmachtet, Peter Thiel übernimmt. Doch Musk trägt seine Entthronung mit Fassung. Denn wenig später kauft eBay – für den damals unerhörten Betrag von 1,5 Milliarden Dollar – das Unternehmen und entschädigt seinen Gründer mit einer wahrhaft astronomischen Summe.

2001 zieht Musk nach Los Angeles. 30-jährig ist er, wie er bedauernd feststellt, zu alt, um noch als Wunderkind der Branche zu gelten. Mit einem Barvermögen von 200 Millionen Dollar gesegnet, könnte er sich den Wonnen der Frühverrentung hingeben, tatsächlich aber lässt er seine Kindheitsträume wiederaufleben. Diese Wendung ist, von außen betrachtet, die vielleicht merkwürdigste Volte seines jungen Lebens: einer jener Trancezustände, denen ein neues, gänzlich verrückt anmutendes Vorhaben entspringt. Erste Zeugen seiner Verwandlung sind eine Reihe älterer NASA-Veteranen, die im Rahmen ihrer Mars-Gesellschaft den verlorenen Hoffnungen ihrer Jugend hinterhertrauern. Unversehens finden sie sich einem neuen Mitglied gegenüber, das ihre Treffen mit präzedenzlosen Summen sponsert. Anders jedoch als die spleenigen Millionäre, die sich gelegentlich in diesen Zirkel verirren, ist Musk ernsthaft davon überzeugt, dass es eine Menschheitsaufgabe ist, den Mars zu besiedeln.

Mit seiner Bereitschaft, den Start dieser Unternehmung aus seinem Privatvermögen zu finanzieren, gewinnt er das Vertrauen der Szene. Um zu eruieren, wie teuer es ist, eine Maus auf den Mars zu bringen, pilgert man dorthin, wo es eine zwar museal anmutende, gleichwohl noch halbwegs funktionstüchtige Weltraumindustrie gibt – nach Russland. Die misstrauischen Russen, die sich nicht vorstellen können, dass dieses Milchgesicht ein satisfaktionsfähiger Gesprächspartner ist, verlangen 8 Millionen für einen Raketenstart. Musk verlangt zwei Starts für die Summe – womit die Verhandlungen ein jähes Ende finden. Während seine Begleiter sich der post-kommunistischen Tristesse überlassen, überrascht Musk sie mit einem erstaunlichen Vorschlag: Man könne die Raketen sehr viel billiger selbst herstellen. Er holt eine Tabellenkalkulation hervor, die belegt, dass er sich über Monate minuziös mit der Raumfahrtindustrie beschäftigt hat. Was nach einer verrückten Geschäftsidee klingt, ist freilich nichts als eine kühle, rationale Gegenwartsdiagnose. Wie zuvor der Bankensektor, so hat Elon Musk erfasst, ist die Raumfahrtindustrie seit den 6oern in einen Dornröschenschlaf gefallen. Warum also die Geschicke nicht selbst in die Hand nehmen und die Industrie revolutionieren?

Mit den 100 Millionen Dollar, die Musk in *SpaceX* investiert, schart er eine Anzahl hochmotivierter Wissenschaftler um sich, die bereit sind, sich über Jahre hinweg auf einem Atoll in der Südsee einem Projekt zu verschreiben, das die staatliche Raumfahrtbehörde längst ins Reich der Träume verbannt hat. Binnen weniger Jahre und mit einem Bruchteil an Mitteln gelingt es SpaceX, eine Rakete in den Orbit zu schießen – und nach einem weiteren Jahrzehnt folgt die versprochene wiederverwertbare Rakete.

Nun desavouiert die Geschichte von SpaceX nicht bloß die nationale Raumfahrtbehörde, sondern spottet auch den Gesetzen des Kapitalismus. Arbeitsteilung? Effizienz? Anders als die Mitbewerber wie Delta, Boeing oder Lockhead Martin, die sich auf die Arbeit Tausender Zulieferer verlassen, stellt SpaceX 80-90 Prozent seiner Raketenteile selbst her. Von der Elektronik, den Motherboards bis hin zu den Verbrennungsmotoren – alles wird auf kostengünstige Weise in-*house* produziert, mit dem Effekt, dass ein SpaceX-Start nur einen Bruchteil dessen kostet, was die Konkurrenz veranschlagt. Dabei folgt die Rückabwicklung der Globalisierung keinem anderen Kalkül als der Logik des integrierten Schaltkreises, der, wie man weiß, eine monolithische Struktur besitzt. Dies ist die Einsicht und das Genie Elon Musks. Er überführt die Rationalität des Computers in die Realwirtschaft, sei es, dass er auf die Kostenersparnisse durch Simulationen, 3D-Drucker oder auf die intellektuelle Potenz und Leidenschaft seiner Mitarbeiter setzt.

Ist die NASA im Laufe der Zeit zu einem Behördendschungel aus Planvorgaben, Richtlinien et cetera degeneriert, bleibt SpaceX eine Spielwiese, auf der die Mitarbeiter sich zur Entspannung von ihrem Chef mit Raketen und Plasma-Bomben beschießen lassen. Eine verschworene, zukunftsbegeisterte, aber vor allem: beängstigend effiziente Gemeinschaft.

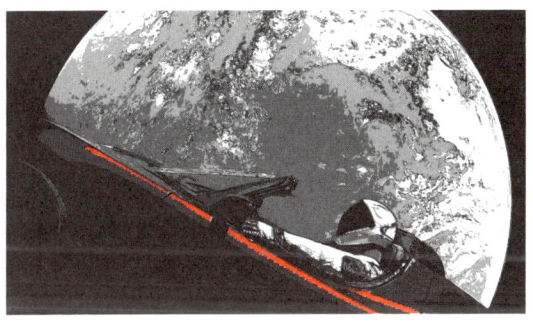

Dieser integrale Blick, das Beharren auf einem in sich schlüssigen Weltbild, ist Grund dafür, dass auch Tesla, nach dem grandiosen Triumph von SpaceX, zum Erfolg geworden ist – die erste erfolgreiche Neugründung einer amerikanischen Autofabrik seit dem Jahr 1925. Von Beobachtern gleich bei Gründung abgeschrieben, überlebt das Unternehmen die Finanzkrise von 2008 ebenso wie die Wankelmütigkeit seiner Anhängerschar. Und wie PayPal oder SpaceX erweist sich Tesla als eine Art *game changer*. Mögen die Tesla-Modelle noch immer wie Autos aussehen (und mit jener Liebe zum Detail gebaut sein, die Steve Jobs seinen Fetischprodukten zugedacht hat), handelt es sich doch eher um Computer auf Rädern: Rechenmaschinen, die, mit dem Internet verbunden, beständig auf die Weiterentwicklung der ihnen innewohnenden Intelligenz zählen können. Während ein herkömmliches Automobil aus Abertausenden beweglicher Teile besteht, sind die Komponenten eines Tesla-Gefährts auf eine Hundertschaft reduziert. Diese Sparsamkeit ist Prinzip. Denn hier geht es nicht um die raffinierte Ausgestaltung der mechanischen Welt, sondern darum, der Materie Intelligenz einzuhauchen. Genau in dieser Umkehrung des Blicks besteht Musks eigentliche Leistung. Haben die Zeitgenossen den virtuellen Raum als Second Life, als unverbindliche, letztlich irreale Hinterwelt aufgefasst, stellt umgekehrt im Denken des Elon Musk die reale Welt eine *terra incognita* dar: eine noch unerschlossene, ungedachte, nicht implementierte Computersimulation. Von dieser Warte aus erscheinen rauchende Schlote wie Überreste einer längst untergegangenen Zivilisation.

Musks Weltfremdheit mag an die Naivität eines Kindes erinnern – oder an den grundfremden Blick einer extraterrestrischen Spezies –, strukturell ist sie nichts anderes als das Wesen unserer Computerkultur. Insofern sind die Ausgeburten seiner Fantasie (mag es sich um die Gigafactory in Nevada, die total automatisierte Fabrik in Fremont, den Hyperloop oder das interplanetare Internet handeln) keine Verrücktheiten, sondern logische

Folgerungen einer kulturellen Umwälzung. Hier schreibt sich die Realität des Computers in die Wirtschaft ein – und führt vor, dass die vermeintlich ehernen Gesetze des Kapitalismus einer neuen, anderen Ökonomie weichen müssen. Wie kein anderer Firmentycoon taugt Musk als Exempel dessen, was Schumpeter den kreativen Zerstörer genannt hat: hat er doch mit höchst bescheidenen Mitteln (der Logik des Computers) die Bankenwelt, die Raumfahrt-, Auto- und Energieindustrie das Fürchten gelehrt. Ein großer Schritt für einen einzelnen Menschen, aber ein noch größerer Schritt für die Menschheit – immer weiter, dem Mars entgegen …

16

NOCH FRAGEN?

Leser: Fliegende Autos, der Mars … Das ist doch alles Science-Fiction! Aber was ist mit Facebook, Twitter, Tinder? Das ist eine Geschichte, die du gar nicht behandelt hast.

Autor: Stimmt … Ich glaube dennoch, dass das, was du Science-Fiction nennst, viel früher kommen wird, als wir uns das vorstellen. Im Übrigen trifft das ja auch auf Facebook zu, das gleichsam über Nacht die Welt des Internets umgekrempelt hat. Im Jahr 2000 hat sich kein Mensch vorstellen können, dass ein Internetportal zwei Milliarden Menschen miteinander verbindet – und dass ein Like-Button, ein Retweet die Gesellschaft formatieren würde. Und ja, du hast recht. Ich habe Facebook nicht behandelt, sowenig wie MySpace, StudiVZ oder die Lokalisten, die das Zeitliche gesegnet haben.

L: Ok, das verstehe ich. Aber warum kein Kapitel über Marc Zuckerberg?

A: Weil das, was Marc Zuckerberg realisiert hat, am Ende nur auf eine Anwendung des Metcalfe'schen Gesetzes hinausläuft. Das ist ja der Grund, warum Facebook und Google einen Großteil der Werbeausgaben auf sich ziehen. In dem Maße, in dem ich Google und Facebook nutze, verrate ich ihnen, mit wem sie es zu tun haben. Und da kann man dann gezielt eine Anzeige schalten, die z. B. alle Studentinnen einer mittelgroßen Stadt anspricht, die sich für *Eat Pray Love* begeistern, ihren Master in Kommunikationswissenschaft gemacht haben und gerade schwanger geworden sind. Wenn man sich wie ich noch an die Kleinanzeigen in den örtlichen Käseblättern erinnern kann, ist das eine Revolution. Aber letztlich erschöpft sich Zuckerbergs Beitrag doch in einer Anwendung.

L: Du findest also nicht, dass da eine besondere Leistung vorliegt?

A: Wenn man das unter Erfolgsgesichtspunkten betrachtet, gewiss. Aber hinter jeder Erfolgsgeschichte steckt ein vielfaches Scheitern, siehe MySpace, StudiVZ oder die Lokalisten. Interessanter ist die Frage, die mit Metcalfes Gesetz verbunden ist: nämlich dass die erfolgreichen Netzwerke eine Tendenz zur Monopolbildung aufweisen, dass also nichts erfolgreicher ist als der Erfolg. Folglich wird es kein zweites Facebook, kein zweites Twitter, kein zweites Ebay oder Airbnb geben. Oder wenn, so werden das Nischenangebote sein. Grundsätzlich aber interessiert mich weniger die Anwendung eines Erfolgsprinzips als die Frage, ob da wirklich etwas genuin Neues geschaffen wird – oder ob ein alter Hut digitalisiert und verbilligt wurde.

L: Computerspiele, Augmented Reality oder künstliche Intelligenz, ich muss doch nur die Zeitung aufschlagen –

A: Ja, und dann füg Siri, Alexa und das Internet of Things noch hinzu. Oder Synthia 3.0, jenes computerprogrammierte Hefebakterium, das der Gen-Pionier Craig Venter in die Welt gesetzt hat und das er selbst eine *software driven machine* nennt. Wobei er den Begriff der Maschine kurioserweise für das biologische Substrat reserviert, also das umprogrammierte Hefebakterium, das man hochfährt, wie man einen Computer anwirft. Ich will damit nur sagen: Wenn man sich auf diese Ebene begibt, gibt es keine kurze Geschichte der Digitalisierung mehr, sondern ein ziemlich dickes Buch. Ein Buch, das sich mit allem Möglichen beschäftigen müsste: dem Paarungsverhalten der Großstadtbewohner, der Frage, ob Killerspiele zur moralischen Verwahrlosung beitragen und warum die Liquid Democracy der Piraten so sang- und klanglos in einer postfaktischen Erregungsblase erstickt ist. Und schon diese wahllos herausgegriffenen Beispiele machen den Nachteil eines solchen Buches klar. Man sähe den Wald vor lauter Bäumen nicht mehr.

L: Gut, das habe ich verstanden. Du willst dich auf die grundlegenden Dinge konzentrieren. Aber hättest du dann nicht ein Kapitel über künstliche Intelligenz einfügen müssen?

A: Gute Frage! Tatsächlich hat sich mein Interesse an der Computerwelt, gegen Ende der 8oer-Jahre, an der Frage der künstlichen Intelligenz entzündet. Und ich bin nach Amerika gefahren, habe viele der führenden Forscher interviewt und war danach einigermaßen frappiert. Worüber? Nicht so sehr über das, was mit der künstlichen Intelligenz möglich ist, sondern über den Umstand, dass mir die AI-Apologeten vorkamen wie Zauberlehrlinge, die sich in ihren eigenen Fantasien verstricken. Der Philosoph Nietzsche hat das Moment der Selbstverzauberung einmal wunderbar auf den Punkt gebracht. Zuerst versteckt man die Ostereier – und oh Wunder!, dann findet man sie wieder. Und irgendwann, wie ich hinzufügen würde, beginnt man dann an den Osterhasen zu glauben ... Vieles, was uns wie eine künstliche Intelligenz vorkommt, hat damit zu tun, dass wir die Vorbedingungen nicht verstehen. Gewiss, es fühlt sich an wie Magie, wenn ein Klavier wie von Geisterhand zu spielen beginnt – aber wenn ich gesehen habe, dass da zuvor ein Virtuose ins Tonstudio gekommen ist und das Stück eingespielt hat, ist das weit weniger verwunderlich.

L: Aber es gibt doch definitiv Dinge, die selbsttätig von Maschinen erlernt werden. Oder weshalb sonst spricht man von Machine Learning?

A: Ja, das ist eine interessante Disziplin – auch deswegen, weil sie der künstlichen Intelligenz fast den Rang abgelaufen hat. Aber warum? Meine Mutter, die nichts, aber auch gar nichts von Computern versteht, hat in meiner Kindheit beständig den Satz wiederholt: »Was man nicht im Kopf hat, das hat man in den Beinen.« Das, finde ich, beschreibt das Verhältnis zwischen KI und Machine Learning ganz ausgezeichnet. Die künstliche Intelligenz steht dabei für den Kopf, denn sie versucht, einem Computer so etwas wie Weltwissen beizubringen. Das Machine Learning hingegen, das sich sogenannter neuronaler Netze bedient, versucht nicht einmal mehr das. Da setzt man darauf, dass man den Computer mit möglichst vielen Daten füttern kann, mit Katzenfotos zum Beispiel. Und weil der Computer in Lichtgeschwindigkeit arbeitet, kann er den Daten Beine machen – und das führt dann dazu, dass er, nachdem er Abertausende dieser Fotos verdaut hat, eine Katze auf einem Bild zu identifizieren vermag. Dieses Vermögen spielt bei den selbstfahrenden Autos eine große Rolle, denn da geht es darum, dass der Bordcomputer die Bilder eines Kamerasensors überprüft – und erfasst, ob das Wesen, das über die Straße läuft, eine Katze, ein Reh oder ein Fußgänger ist. Wie gesagt, das funktioniert einigermaßen verlässlich. Die Frage ist nur: Hat der Computer irgendeine Ahnung, was er da tut? Kennt er den Unterschied zwischen dem Ball, der über die Straße rollt, und der Katze, die, wenn sie vom Auto erfasst wird, elendiglich verenden wird? Die Antwort ist: Nein. Im Falle des Machine Learning gibt es nur Muster: das

Muster des Balls, das Muster der Katze, das Muster des Menschen.

L: Also keinerlei Intelligenz.

A: Ganz genau. Wo wir Intelligenz vermuten, ist eine leere, kopflose Kiste. Genauer, da sind die Beine, von denen meine Mutter gesprochen hat. Trotzdem sind diese automatischen Identifikationsakte, die man auch auf Objekt- und Gesichtserkennung, ja selbst auf die Identifikation von Verhaltensmustern übertragen kann, überaus hilfreich – umso mehr, wenn man sich klarmacht, dass man all diese Wahrnehmungen miteinander verschalten kann.

L: Aber wenn du schon diese Beispiele gibst, machst du klar, dass ein Computer doch sehr viel leistungsfähiger ist als ein Mensch.

A: Ja, aber dieses Mehr an Leistungsfähigkeit erschöpft sich in sehr speziellen Fähigkeiten. Und vor allem hat es wenig mit Intelligenz, sondern mit der Beschränktheit der Aufgabe zu tun.

L: Aber ist Mustererkennung nicht ein typisches Beispiel von Intelligenz? Da hört jemand ein Musikstück und weiß sofort, das ist eine Fuge, die kann nur Bach komponiert haben.

A: Mag sein, dass das intelligent aussieht. Aber wie man weiß, ist nicht alles Gold, was glänzt. Gehört zur Intelligenz nicht auch eine Form des Selbstbewusstseins? Nach der großen Enttäuschung der frühen Jahre haben die AI-Forscher gelernt, dass es mit der Intelligenz ihrer

Computer nicht weit her ist. Jedes fünfjährige Kind verfügt über ein größeres Weltwissen.

L: Wie meinst du das?

A: Wenn ein Roboter ein rotierendes Objekt betrachtet, dann analysiert er die Pixel des jeweiligen Bildes – und gleicht sie mit einem vorgegebenen Muster ab. Da kann es zum Beispiel passieren, dass das Objekt auf einem Bild identifiziert wird, auf dem nächsten aber schon nicht mehr. Schon ein Kleinkind aber hätte keinen Zweifel daran: das Objekt, das sich da gerade vor meinen Augen dreht, ist ein- und dasselbe.

L: Willst du damit sagen, dass die Hoffnung auf künstliche Intelligenz eine Selbsttäuschung ist?

A: Ja und nein. Denn derzeit erlebt die künstliche Intelligenz so etwas wie ein unverhofftes Comeback. Das hat damit zu tun, dass auch das Machine Learning, trotz aller Erfolge, große Nachteile hat. Man muss den Computer mit Abertausenden von Daten füttern. Geoffrey Hinton, der Pionier des Machine Learning, hat diesen Nachteil deutlich erkannt – und versucht nun so etwas wie eine Gestalterkennung in den Prozess einzubauen. Um ein konkretes Beispiel zu geben: Wenn ein Mensch eine grobmotorische Aufgabe gelöst hat, dann kann er seine Fähigkeiten mit ein bisschen Übung immer weiter verfeinern, wie der Klavierspieler, der sich durch stetes Üben in einen Virtuosen verwandelt. Analysiert man ein solch feinmotorisches Verhalten, sieht man, dass die hochkomplexen Bewegungsabläufe auf einfache

Grundmuster zurückgehen. An dieser Fähigkeit scheitern die heutigen Roboter. Man kann ihnen eine Handbewegung beibringen – aber es ist fast unmöglich, das einmal erlernte Muster als Ausgangswissen zu nehmen, um eine strukturell verwandte, kompliziertere Aufgabe zu lösen. Da steht der Roboter dann wie der Ochs vorm Berg. Und hier geht es darum, das Machine Learning mit der Fähigkeit zur Gestalterkennung und zur Analogie zu versehen. Es geht darum, das grobmotorische Muster A in ein feinmotorisches Muster B zu verwandeln. Dieses Verfahren hat den Vorzug, dass ein Computer nicht mehr Abertausende Beispiele vorgesetzt bekommen muss, sondern dass er mit einer Handvoll davon auskommt – und seinen Bewegungsapparat selbstständig verfeinert.

L: Also doch. Der Computer wird intelligent!

A: Nein, er kann nur ein einmal erlerntes Muster verfeinern, etwa indem er immer kleinere und schwieriger zu handhabende Objekte manipuliert. Dabei bleibt er immer noch so wenig intelligent wie zuvor, denn er wird immer noch nicht wissen, worin der Unterschied zwischen einem Ball, einer Katze und einem Menschen besteht.

L: Aber er kann etwas tun, was ihm zuvor niemand beigebracht hat.

A: Ja, die Roboter werden staubsaugen, putzen und wienern, sie werden uns das Essen zubereiten … aber mit ihrer Intelligenz wird es trotzdem nicht sonderlich weit her sein. Überhaupt glaube ich, dass die Diskussion über die künstliche Intelligenz ein Nebenschauplatz ist. Man sollte die Fragestellung vielmehr umkehren. Was bedeutet all das für uns, unser eigenes Selbstbewusstsein?

L: Wie meinst du das?

A: Ein Beispiel. Anfang der 6oer-Jahre, als es möglich war, Menschen in den Weltraum zu schießen, haben die Leute der NASA die Piloten, die auf Atemgeräte, luftdichte Anzüge und den beständigen Funkkontakt mit der Bodenstation angewiesen sind, als »cybernetically augmented organisms« betrachtet, also: als Cyborgs. Unter diesem Gesichtspunkt sind wir, die wir uns an die Annehmlichkeiten eines Smartphones gewöhnt haben, an Schrittzähler, Navigationssystem, WhatsApp und beständige Erreichbarkeit, nichts anderes als das. Cyborgs, kybernetisch augmentierte Organismen.

L: Du meinst, dass letztlich die Maschinen die Macht übernehmen?

A: So wie die Borgs, die uns assimilieren? Nein, ich meine bloß, dass das Zusammenleben mit Bots, Robotern und künstlichen Intelligenzen unser Wertesystem verändern wird. Wer hätte sich schon ausmalen können, dass sich das Paarungsverhalten von Großstädtern mit dem Wisch-und-Weg von Tinder erledigen lässt. Ist das zu kritisieren? Nein, es zeigt nur, dass es etwas Neues gibt unter der Sonne.

L: Und was hat das mit Werten zu tun?

A: Nehmen wir die Arbeit als Beispiel. Im Mittelalter beispielsweise hat man die Arbeit nicht sonderlich hochgeschätzt, das war die Mühsal der Enterbten.

Sonderbarerweise ist diese Mühsal zum Quell unseres Selbstbewusstseins geworden. Die Frage ist nur, ob die Arbeiten, auf die wir uns sonst was einbilden, nicht sehr viel besser und verlässlicher von Maschinen erledigt werden können. Kann sein, dass man, wenn die selbstfahrenden Autos weit genug sind, den Individualverkehr verbieten wird – einfach deswegen, weil der menschliche Faktor zu Alkohol, risikobereitem Verhalten und allerlei Fahrlässigkeiten neigt. Und das betrifft natürlich auch die Menschen, die von der Automobilität leben oder ihr einen großen Wert beimessen.

L: Das klingt nicht gerade ermutigend.

A: Das besagt lediglich, dass sich da eine Verschiebung unseres Wertekanons abzeichnet. Ist das schlimm? Gott bewahre! Warum sollte man sich mit irgendeiner Arbeit abmühen, die eine Maschine weit besser erledigen kann?

L: Vielleicht, weil man dabei mit anderen Menschen zu tun hat … oder weil es sinnstiftend ist?

A: Oder weil man dafür bezahlt wird. Das wolltest du doch eigentlich sagen, oder?

L: Ja, vielleicht. Wenn einem die Arbeit abhandenkommt, erzeugt das Ängste.

A: Weil die Leute es persönlich nehmen, anstatt es als gemeinsames Schicksal anzuerkennen. Aber natürlich ist es das: unser gemeinsames Schicksal. Und positiv betrachtet läuft es darauf hinaus, dass wir Dinge in Angriff nehmen können, die man sich bisher für die Zeit des Ruhestands vornimmt. Und weil ich glaube, dass dieser

»Ruhestand« sehr viel früher eintreten wird als gedacht, bin ich etwas verwundert darüber, dass man sich mit dem, worauf es bei dieser Gesellschaftsrevolution ankommt, so gar nicht beschäftigt.

L: Stimmt das? Immerhin haben wir doch ganz neue Berufe, es gibt Social-Media-Berater, Influencer, YouTube-Stars. Ich finde schon, dass da eine ganze Menge passiert.

A: Es wäre ja fürchterlich, wenn dem nicht so wäre. Was ich beklagenswert finde, ist der Umstand, dass man den Trends nur hinterherrennt – und dass es umgekehrt so wenige Visionen gibt, wie die Gesellschaft der Zukunft beschaffen sein wird. Man sieht das massiv im Bildungs-bereich. Mein Sohn beispielsweise ist wie selbstverständ-lich mit Computerspielen groß geworden. Aber womit hat sich die Gesellschaft beschäftigt, während sich im Kinderzimmer die Revolution angebahnt hat? Sie hat sich an fragwürdigen Professoren ergötzt, die trotz sin-kender Gewaltzahlen, also wider besseres Wissen, durch die Talkshows getourt sind und Warnungen vor medial verwahrlosten Killerrobotern gesät haben. Also Kindern. Und was lese ich? Der Herr Pfeiffer, der sich als Kenner der Computerspielewelt geriert hat, hat jüngst kundge-tan, dass er, in den Ruhestand hinübergewechselt, gerade erst gelernt hat, wie man eine E-Mail öffnet. Wo sich Unkenntnis und Hysterie mit den Buzzwords vermi-schen, gibt es keinerlei Ratio, da marschiert die Gegen-aufklärung. Deshalb vielleicht dieses Buch: Weil ich mir wünsche, dass man nicht über aufgeblasene Ängste diskutiert oder sich wie unsere Ministerin der Vorstellung hingibt, dass man der nachwachsenden Generation das Digitalisierungsbewusstsein mit dem iPad ins Hirn schreiben könne, so wie man das früher mit dem Nürnberger Trichter gemacht hat.

L: Du glaubst also noch an die Aufklärung?

A: Ja und nein. Ja, weil man in dem Augenblick, in dem man selbst zu denken beginnt, überhaupt erst begreift, dass man Dinge so, aber auch ganz anders gestalten kann. Und nein, weil ich überzeugt bin, dass die Aufklärung noch gar nicht richtig begonnen hat. Und die Digitalisierung, als gesellschaftliche Wunschmaschine, ist vielleicht das beste Beispiel dafür.

L: Das verstehe ich nicht.

A: Der Philosoph Kant hat in seinem schönen Aufsatz »Was ist Aufklärung?« dafür plädiert, dass der Selbstdenker sich seines Verstandes bedienen möge, ohne dass ein Arzt, eine geistliche oder weltliche Autorität, oder auch nur ein Buch für ihn denkt. Der Text endet mit dem Satz, dass der Mensch, der nun mehr ist als eine bloße Maschine, seiner Würde gemäß behandelt werden müsse. Was heißt das? Darin steckt die Einsicht, dass die Würde im Jenseits der Maschine entsteht. Genau an dieser Stelle ist das Aufklärungsprojekt noch nicht zu Ende geführt, oder besser: es hat noch gar nicht begonnen. Denn die Frage der Maschine ist, obschon eine gesellschaftsbestimmende Instanz, noch immer *terra incognita*. Man merkt das daran, dass zwar jeder von der Digitalisierung redet, aber dass in den Diskursen ein religiöses Vokabular dominiert. Man redet von Fluch und Segen oder vermittelt den Eindruck, die Maschine sei wie ein Komet, wie eine extraterrestrische, künstliche Intelligenz, in unser Denken eingeschlagen. Ich hingegen würde sagen: Die Maschine, das ist nicht das große, böse Andere – die Maschine, das sind wir selbst!

17

VON DER GEISTESGEGENWART

Und? Haben wir die Geschichte der Digitalisierung erzählt – oder sie zumindest in ihren Hauptzügen charakterisiert? Nein. Denn das ist unmöglich, einfach deswegen, weil diese Geschichte noch nicht beendet ist. Das wichtigste Charakteristikum des Computers steht uns nun deutlich vor Augen: Seine Geschichte erstreckt sich über mehrere Jahrhunderte. Und weil hier eine ganze Kohorte von Denkern, Wissenschaftlern und Ingenieuren an uns vorüberparadiert ist, macht es wenig Sinn, den Computer als Geniestreich eines Einzelnen zu feiern. Dies aber ist die Praxis der meisten Computergeschichten, die von einer Turing- oder einer Von-Neumann-Maschine sprechen oder bei Konrad Zuse Unterschlupf suchen. Mag eine solche Privatisierung den jeweiligen Vater eines bestimmten Gedankens erhöhen, so um den

Preis, dass sie den entschieden kollektiven Entstehungsprozess verdunkelt. Man kann, im Gegenteil, mit Fug und Recht behaupten, dass sich überhaupt niemand den Computer ausgedacht hat – sondern immer bloß Teile davon. Hätte man George Boole geweissagt, dass seine Logik dereinst die Partnerschaftsbörsen der Welt antreiben würde, hätte er sich wohl verwundert die Augen gerieben – ebenso wie Babbage, der sich eine Rechenmaschine vorstellen konnte, nicht aber, dass diese einmal für autonome Kraftfahrzeuge, die Bestimmung der Geopositionsdaten eines Wals oder für das *Sentiment Tracking* von Twitterfeeds nutzbar sein könnte. In diesem Sinne wäre eine solche Würdigung nicht bloß ungebührlich, sondern ein kategorisches Missverständnis. Der Computer ist sehr viel besser verstanden, wenn man ihn als generationsübergreifenden Gedanken auffasst, als immaterielle Kathedrale, bei der viele Baumeister eine Rolle gespielt und ihr Wissen weitergegeben haben. So besehen ist verständlich, dass die meisten Menschen, nach dem Ursprung des Computers befragt, mit einem Achselzucken antworten – ja, dass sich die Geschichte des Computers in einem Mysterium verliert.

Nun betrifft die Dunkelheit um den Computer nicht nur seine Herkunft, sondern auch seine gesellschaftliche Bedeutung, das, was man meint, wenn man von der »Natur einer Sache« spricht. Vergleichen wir den Computer einmal mit einem gewöhnlichen Werkzeug, einem Hammer zum Beispiel.

Gewiss, es gibt Leute, die, weil sie nur einen Hammer besitzen, jedes Problem dieser Welt zu einem Nagel machen, dennoch ist derlei Zweckentfremdung eher der Ausnahmefall. Klar ist: Der Hammer ist eine Prothese, eine künstlich verstärkte Hand. Und: Ein Hammer ist zum Hämmern da. Wozu aber ist ein Computer da? Dafür, dass man E-Mails versendet, mit einer Wisch-und-weg-Bewegung die Angebote der Partnerschaftsbörse organisiert oder eine Steuererklärung abgibt? Oder läuft die Computerei, wie der Name besagt (*computus* = Rechnung), auf eine Rechenoperation hinaus? Es lassen sich Abertausende Zwecke finden, auf die hin ein Computer ausgerichtet werden kann. Dies ist der Grund, warum die romanischen Sprachen nicht auf die Mathematik, sondern auf das Ordnungsprinzip der Maschine abheben: wie im spanischen *ordenador* oder dem französischen *ordinateur*.

Die Gedankenverlegenheit, die sich mit der Frage nach dem Zweck eines Computers einstellt, löst sich auf, wenn man den Computer nicht mehr als Werkzeug, sondern als Werkstatt begreift – das heißt als Raum, in dem beliebige Werkzeuge abgelegt werden können, auch solche, die bislang noch nicht realisiert worden sind. Stellt man, eine solche Werkstatt vor Augen, die Frage nach dem Zweck des Computers erneut, ergibt sich, dass man den Werkzeugcharakter nur im Prozess der Analog-Digital-Wandlung erfasst. Denn hier wird ein Segment von Wirklichkeit in einen digitalen Aggregatzustand überführt, bei dem es, als Geistkörper, allen erdenklichen Operationen zugänglich gemacht wird. In jedem Fall erklärt die räumliche Dimension der Maschine einige Paradoxa, beispielsweise den Ausspruch Steve Jobs': »Der Computer ist die Lösung. Was wir brauchen, ist das Problem« – oder die nicht minder rätselhafte Bemerkung des Philosophen Vilém Flusser: »Wir entdecken, was wir erfunden haben.« In metaphorischer Form könnte man von einem Geisteskontinent sprechen, den man auf ähnliche Weise erschließt, wie die Entdecker ehedem Amerika in Besitz genommen haben. Das Wissen, dass man eine Neue Welt entdeckt hat, ist dabei von vorneherein da – allerdings dauert es geraume Zeit, bis die neue Welt vollständig erschlossen ist. Wenn wir die Bewohner der neuen Welt als *digital natives* bezeichnen, tragen wir diesem räumlichen Denken Rechnung, so wie wir umgekehrt einräumen, dass wir es mit einer neuen Heimat, ja, einem neuen

Lebensraum zu tun haben. Eine Besonderheit dieser Heimat ist, dass sie keine Grenzen hat – denn was immer elektrisiert werden kann, lässt sich auch digitalisieren – und was digitalisiert ist, lässt sich speichern, in Lichtgeschwindigkeit vervielfältigen und an jeden beliebigen Ort der physischen Welt teleportieren.

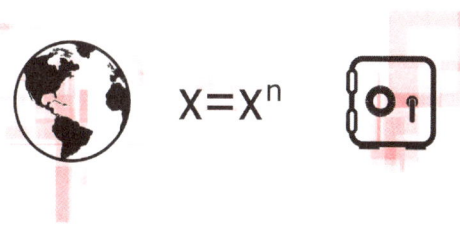

Insofern wäre der Computer – und das ist vielleicht die präziseste Deutung – als universale Maschine aufzufassen, als Instanz, mit der sich jeder beliebige Zweck realisieren lässt. Weil der Computer alle erdenklichen Werkzeuge, ja eine ganze Welt in sich birgt, ist es irrig, ihn mit anderen Werkzeugen oder Medien auf ein und dieselbe Stufe zu stellen. Gewiss, ein Computer kann als Medium fungieren (als Schreibmaschine, als Aufnahme- oder als Abspielgerät), aber er erschöpft sich keineswegs in dieser Aufgabe. Ein zweiter, nicht minder wichtiger Punkt ist, dass das Medium in seiner Logik oder Stofflichkeit aufgelöst wird. Eine Zahl wird zur Beschreibung einer Zahl, ein Textverarbeitungsprogramm zur Beschreibung einer Schreibmaschine – und eine Fotografie zu einer Anzahl von Zeichen, die als farbige Bildpunkte interpretiert werden. Wenn wir die Gedanken George Booles aufgreifen, könnte man sagen, dass sich das Computer-Universum der *Vernichtung*, zumindest aber der Überwindung der Stofflichkeit verdankt. Hier macht sich ein gravierender Unterschied zur natürlichen Welt bemerkbar. Denn ist ein Objekt digitalisiert (ein Musikstück zum Beispiel), dann ist seine reale Vorlage, der Formel des $x = x^n$ folgend, tendenziell überflüssig. Nun betrifft diese Proliferationsdrohung nicht nur die Produkte der Musikindustrie, sondern lässt sich auf jeden Arbeitsprozess übertragen. Hat man eine Arbeit einmal digitalisiert, verschwindet sie im Museum der Arbeit – wo sie jederzeit reaktiviert und an jedem beliebigen Platz auf der Welt ausgeführt werden kann, sei es, dass gestaltlose Bots, Drohnen oder Roboterarmeen diese Aufgabe übernehmen. Der Schrecken, ja, geradezu der Schwindel, den diese Vorstellung in den Köpfen der Zeitgenossen auslöst, macht deutlich, dass man es hier mit einer Revolution zu tun hat, die weit über alles hinausgeht, was Naturkatastrophen, Kriege oder politische Umstürze bewirkt haben.

* * *

Die Einsicht in den Bruch unserer Wirklichkeitsvorstellungen führt zu der Frage, ob es in der Menschheitsgeschichte schon einmal eine universale Maschine gegeben hat – eine Frage, die mich zu Anfang meiner Beschäftigung mit der Computerwelt umgetrieben hat. Die Antwort lautet: Ja, zweifellos. Nehmen wir beispielsweise den Räderwerkautomaten (dessen berühmteste Ausprägung die mechanische Uhr ist). Stellen wir die Frage nach seinem Verwendungszweck, geraten wir in eine ähnliche Geistesverlegenheit wie bei der Frage nach dem Wozu eines Computers. Wie dort öffnet sich auch hier ein geradezu unabschließbarer Raum. Nimmt der Räderwerkautomat die Gestalt einer Wind-, Wasser-, oder einer Gezeitenmühle an, so fungiert er als Kraftwerk, ebenso gut aber lässt er sich als Programmierapparatur auffassen, mit der sich die Bewegungen einer Figurengruppe oder die Töne eines Spielwerks steuern lassen. Dass die mittelalterliche Gesellschaft, in deren Mitte die Maschine einschlägt wie ein kleiner, schwarz lackierter Komet, sich in der Begegnung mit dieser extraterrestrischen Intelligenz wandelt, ist eine Zwangsläufigkeit. Denn was passiert, wenn die Zeit, die früher immer nur zwischen den Händen zerronnen ist (wie Sand, Wasser oder das Licht), plötzlich berechenbar wird? Die Antwort ist uns, als Kindern der neuen Zeit, wohlbekannt: Zeit ist Geld und fordert Zinsen. Und mit dem Zins entsteht jenes Denken, das wir *kapitalistisch* zu nennen uns angewöhnt haben. Über den materiellen Automaten hinaus funktioniert der Räderwerkautomat als ein Modell gesellschaftlicher Arbeitsteilung – und genau dies ist es, was sich in der Textilindustrie des Mittelalters oder beim Bau der gotischen Kathedralen beobachten lässt. Enthusiasmiert von den Möglichkeiten, die der Räderwerkautomat erlaubt, nutzen ihn die mittelalterlichen Scholasten als Gottesbeweis – mit dem interessanten Nebeneffekt, dass der liebe Gott, der bislang als Philologe und Schriftgelehrter galt, nunmehr zum Uhrmacher umgeschult wird.

Nicht nur der Himmel, auch die Gesellschaft erlebt im Zeichen des Räderwerkautomaten einen grundsätzlichen Umbau. Die Menschen werden pünktlich und fordern Taktgefühl ein. Und weil dies nicht nur für die Mitmenschen, sondern auch für die Arbeitswelt gilt, sprechen Historiker von der industriellen Revolution des Mittelalters. Folglich beginnen auch die Philosophen die Welt nach dem Bild eines Uhrwerks zu deuten. Descartes beispielsweise begreift die Tiere nicht als verwandte Lebensformen, sondern als natürliche Automaten. In einem materiellen wie sprichwörtlichen Sinn bleibt kein Stein auf dem anderen. Die Gesellschaft, die sich der universalen Maschine anvertraut, unterliegt einer Metamorphose, ja, verwandelt sich selbst zu einem gigantischen Räderwerkautomaten.

* * *

Hat man diese Geschichte vor Augen, versteht man, dass und warum die Digitalisierung eine Herausforderung ist – zwingt sie uns doch dazu, all das, was überkommen und selbstverständlich erscheint, neu zu überdenken. Nun könnte ein besonders scharfsinniger Leser einwenden, dass das Räderwerk des Mittelalters keineswegs die erste universale Maschine gewesen sein kann, hat doch das Konzept der Maschine schon zuvor existiert. Und dieser Einwand ist durchaus berechtigt. Jedoch wird dieser Teil der Geschichte nur verständlich, wenn man begreift, was man ursprünglich unter einer Maschine verstand. Während wir vor allem funken- und feuerspeiende Apparate vor Augen haben, übersetzten, wie bereits erwähnt, die alten Griechen das Wort *mechane* als List oder als Betrug an der Natur. Diese Übersetzung im Ohr, versteht man, warum die erste große Maschine keine Produktionsapparatur war, sondern ein Kran, mit dem ein Gott aus der Höhe auf die Bühne gehievt wurde – der *deus ex machina*. Man könnte diese Bühnenapparatur als eine Art künstlicher Intelligenz begreifen, als Apparatur, mit der sich eine Gesellschaft in eine neuartige, dramatische Gedankenwelt hineinversetzt, die es erlaubt, die Interaktion zwischen Göttern und Menschen, Himmel und Erde aus sicherer Entfernung zu beobachten (wie in einem Computerspiel, einer Simulation sozusagen). Vor diesem Hintergrund mag es auch nicht mehr verwunderlich klingen, dass die erste Technologie die Rhetorik ist. Versucht man die Initiale dieser griechischen Zeit zu begreifen, landet man unweigerlich bei der Zeichenrevolution der Antike, genauer: dem Alphabet. Im Grunde ist die Geschichte sehr einfach. Jede einzelne alphabetische Letter war ursprünglich ein Bild – nur dass die Alphabestie (im Falle des Alpha-Zeichens: der Ochse im Joch) aus den Zeichen herausgetrieben worden ist.

Am Ende blieb nur eine von aller Wirklichkeitsanhaftung befreite »digitale« Letter übrig. Was ist der Vorteil des Alphabets? Zunächst einmal kann ich mir einreden, dass eine alphabetische Letter ewig und unwandelbar ist. Sage ich A=A=A, habe ich das Prinzip der Identität, zudem kann ich urplötzlich Logik betreiben: Wenn A=C und B=C, dann ist B=A. Der zweite große Vorzug besteht in der Tatsache, dass das Alphabet jegliche Natur abgestreift hat, dass man es also nicht mehr mit Naturgeistern, Satyrn oder anderen Dämonen zu tun hat. Weil das Zeichensystem weltfremd geworden ist, lässt sich die ganze Natur abbilden. Nicht zufällig ist das Wort, das die Griechen zur Kennzeichnung der einzelnen Letter benutzten, *stoichos*, das gleiche wie das, das sie für die Kennzeichnung der Elemente benutzten: Wind, Wasser, Erde, Luft. Der dahinterstehende Gedanke ist, dass die Natur auf die gleiche Weise zusammengesetzt ist wie ein Wort, das aus verschiedenen Lettern besteht. So besehen könnte man den Satz des Steve Jobs einfach paraphrasieren: Das Alphabet ist die Lösung. Was wir brauchen ist das Problem. Tatsächlich warteten die Griechen mit lauter neuartigen Lösungen auf: Nicht bloß, dass man die von Naturgeistern befreite Natur in einzelne Elemente zerlegte, dazu stiftete man die Logik und die Mathematik und formulierte die Hypothese, dass jeder Gegenstand aus unendlich kleinen, unzerstörbaren Atomen bestehen müsse – und dass darüber hinaus nichts weiter existieren könne. Wenn uns dies verwandt vorkommt, so ist der Grund für die Verwandtschaft, dass die an der universalen Maschine des Alphabets erarbeitete Denkweise noch immer anhält.

* * *

Der Vergleich zwischen den verschiedenen universalen Maschinen ist wahrhaft erhellend. Etabliert das Alphabet einen gleichermaßen logischen wie naturwissenschaftlichen Blick, erlaubt es andererseits – zunächst in Rollenform, dann in Gestalt gebundener Bücher – die Speicherung des Wissens. Fortan bedarf es keines Lehrers mehr, der den Novizen in eine komplizierte Fragestellung einweist, sondern Letzterer kann ganz allein, in Form eines Selbststudiums, die fraglichen Kenntnisse erwerben. Und mit dem Wissen demokratisiert sich auch die Gesellschaft.

Bleibt die Welt des Alphabets eine weitgehend immaterielle, philosophische Geistesmaschine, führt der Räderwerkautomat des Mittelalters einen Schritt weiter. Indem es gelingt, die Kraft der Gravitation zu hemmen, bekommt die Maschine einen Antriebsmechanismus verpasst. Damit wird sie zum Kraftwerk, mit dem sich die Naturelemente, aber auch Teile der Gesellschaft beherrschen lassen. Künftig lässt sich nicht mehr bloß die Zeit programmieren, sondern man kann höchst komplizierte, arbeitsteilige Gesellschaftsprozesse steuern. Der Computer wiederum integriert all diese Möglichkeiten, aber erweitert sie insofern, als nunmehr alles, was elektrisiert werden kann, Schrift werden kann. Dies ist schon deswegen eine grundlegende Revolution, weil sie unseren Schriftbegriff aufsprengt. Thronte ehedem die Schrift über der Welt wie der Geist Gottes über den Wassern, vermag sie sich nun (fast) jeder Lebensäußerung zu bemächtigen. Die Welt wird zur Inschrift – oder genauer: Sie bekommt einen digitalen Schatten verpasst.

Nun bezieht sich dies nicht nur auf die natürliche Welt – die Positionsdaten eines Flugzeugs, die seismischen Beben oder die Hirnwellen jenes Versuchstiers, an dem die Funktionalität von Hirnimplantaten ausprobiert wird –, sondern auch auf den Menschen und das, was er für sein Wertvollstes hält: seine Arbeit. Hat man früher das Wissen gespeichert, dann die Zeit, lässt sich nun die Arbeit in den Arbeitsspeicher überführen. Und weil sich das Digitalisat der Arbeit nach Belieben vervielfältigen und jederzeit in die Welt zurückübersetzen lässt, scheint der Arbeitsspeicher ein Memento, dass wir bald von der Arbeit befreit werden. Ist das die Zukunft? Wird uns die Arbeit ausgehen? Bis zu einem gewissen Grade schon, denn erstmals in der Geschichte der Menschheit vermag die Maschine nun auch geistig anspruchsvolle Arbeiten zu ersetzen. Nehmen wir, um ein Beispiel zu geben, einen Arzt, der bislang noch zu den hoch respektierten Spezimen unserer Gesellschaft gehört. Dieser Arzt lernt in seinem Studium, wie man Krankheiten diagnostiziert – und weil die Gesundheit etwas Hochkomplexes ist, wird er sich auf einen bestimmten Sektor des Körpers spezialisieren: auf die Nieren, also auf die Nephrologie, das Herz, also die Kardiologie, was auch immer. Stellen wir uns nun vor, dass jeder Patient mit einem digitalen Gesundheitsschatten ausgerüstet wird (einer Karte, einem Blockchain-Stick) und dass jeder ärztliche Eingriff, jede Diagnose, jede Medikation hier verzeichnet wird. Stellen wir uns weiter vor, dass ein neues Medikament auf den Markt gebracht wird, das Nierenkranken helfen soll. Der Nephrologe, der in seiner Praxis nur eine gewisse Anzahl von Patienten behandelt, wird es einsetzen und für tauglich befinden. Untersucht man indes alle Patientenakten (was mithilfe eines Machine-Learning-Algorithmus oder einer künstlichen Intelligenz möglich sein wird), kann man beispielsweise herausfinden, dass bei einer kleinen, aber nicht unerheblichen Minorität gefährliche Nebenwirkungen auftreten. Durch weitere Analysen wird man die gemeinsamen Charakteristika dieser Risikopopulation ermitteln und für sie eine spezifische Medikation identifizieren. Mit einiger Wahrscheinlichkeit wird man einiges Neues hinzulernen, der Wissenskorpus der Medizin wird sich also beträchtlich erweitern. Science-Fiction?

Nein, alles andere! Schon jetzt hat sich erwiesen, dass die Maschine bei der Lymphknotenanalyse von Brustkrebspatientinnen eine höhere Erkennungsgenauigkeit vorweisen kann als die Ärzte – und zwar nicht, weil die Maschine klüger ist, sondern weil sie auf der Basis des bisherigen Expertenwissens trainiert worden ist. Weil dieser Befund nicht nur für die Medizin, sondern für alle Lebensbereiche gilt, wird die gesamte Gesellschaft mit einer Umwälzung ihrer Gewohnheiten und Ordnungsprinzipien konfrontiert.

Dabei sind Lieferdrohnen, selbstfahrende Autos und fliegende Taxis nur die sichtbaren Vorboten der nahenden Revolution. Denn die meisten Veränderungen werden sich klammheimlich abspielen. Wie das Smartphone, mit geradezu urtümlicher Gewalt, die ganze Welt in eine Art Second Life verwandelt hat, werden sich die neuen Techniken in den jeweiligen Wirklichkeiten einhausen. Tatsächlich sind wir längst schon von dieser Verwandlung erfasst – sonderbarerweise, ohne recht zu bemerken, dass nicht nur die großen Internetkonzerne der Welt ihren Stempel aufdrücken, sondern jeder Einzelne bereits, wie Kafkas Gregor Samsa, sich in etwas anderes zu verwandeln im Begriff ist.

Nun ist diese kurze Geschichte der Digitalisierung kein Plädoyer dafür, die Gegenwart rückabzuwickeln und einen »analogen« Naturzustand wiederherzustellen. Ganz im Gegenteil! Wenn dieses Buch ein Ziel hat, so den, dass man, über die Erinnerung an die Verfertigung unserer

Universalen Maschine, des Computers, sich vor Augen hält, worin die Charakteristika dieses Prozesses bestehen – und dass er letztlich keine Naturgewalt, sondern etwas Menschengemachtes ist. Stärker noch: dass die Maschine nicht das große Andere ist, eine extraterrestrische Intelligenz, sondern dass sie einen Spiegel unserer tiefsten Sehnsüchte, Träume und Hoffnungen darstellt.

EPILOG

IN THE YEAR 2046
(ODER HABE ICH DAS GETRÄUMT?)

Eigentlich könnte ich einen kleinen Gedenktag zu Ehren des Abbé Nollet abhalten. Dreihundert Jahre ist es her, dass der Geistesblitz ins Denken und in die Glieder der Nollet'schen Mönchsversammlung gefahren ist. Fraglich jedoch, ob die Mitbewohner, die mit mir im *Elon Musk Memorial Center* ausharren, diesem Jahrestag irgendeine Bedeutung beimessen. Wenn die Erinnerung daran ferner erscheint als die Distanz, die uns Marsbesucher von der Erde trennt, so nicht deswegen, weil der Computer durch eine überlegene Technik abgelöst worden wäre. Ganz im Gegenteil. Eher könnte man von einem Vergessen durch Allgegenwart sprechen. So hat sich der Computer in jeden Alltagsgegenstand hineingesetzt, vom Staubsauger zum Kühlschrank bis hin zur elektrischen Zahnbürste, ganz zu schweigen von den Nano-Wächterzellen, die im

Blutkreislauf von Versuchstieren zirkulieren – und sich bei Bedarf ein Upgrade aus dem Internet herunterladen. Und es wird nicht mehr lange dauern, dass auch mein Gesundheitsband, welches die Armbanduhr ersetzt hat und meine Körperfunktionen überwacht, durch eine solche Technik ersetzt wird. Anders gesagt: Was man ehedem einen Computer genannt hat, hat sich in Abertausende von Anwendungen aufgefächert.

Ein weiterer Grund für unsere Vergesslichkeit ist der Umstand, dass die Programmierung an Bedeutung eingebüßt hat. Haben ehedem Programmierer der Maschine Anweisungen erteilt, entwickeln sich die Programme, von Daten gespeichert, nun ganz von selbst. Eine Drohne beispielsweise, die man in die Tiefsee geschickt hat, vermisst den Meeresgrund, untersucht das Gestein, die Pflanzen, klassifiziert und identifiziert die Lebensformen – und zwar ohne dass ein Mensch die Fragen vorgegeben hätte. Ohne solch autonome Forschungssonden, die eine Weiterentwicklung des selbstfahrenden Autos darstellen, wäre unsere Marsmission unmöglich gewesen. Diese selbstlernenden Programme (die durch ihre Umgebung programmiert werden) haben unseren Blick auf die Welt, aber auch auf uns selbst verändert. Man könnte von einer neuen Form der Unleserlichkeit sprechen. Denn man sieht den künstlichen Lebensformen nicht mehr an, dass es sich letztlich um *Schriftkörper* handelt, die der menschlichen Imagination entsprungen sind. Eher fühlen sie sich an wie eine neuartige Spezies, jenen rätselhaften Bakterien vergleichbar, die man kürzlich in unserer Nähe aufgespürt und paläogenetisch wiederbelebt hat. Selbst die Tiere reagieren ähnlich darauf: Der Hund beispielsweise, den ich mir vor längerer Zeit angeschafft habe, hat meinen Homebot als lebendigen Hausgenossen adoptiert – und zwar auf solch kreatürlich-unbefangene Art, dass mich die Zweisamkeit von Hund und Bot, zu Anfang jedenfalls, mit Anflügen von Eifersucht geschlagen hat.

Tatsächlich ist auch das Verhältnis von Mensch und Bot, global betrachtet, nicht spannungsfrei. Einerseits ist die Erleichterung des täglichen Lebens mit den Händen zu greifen: Jede stumpfsinnige Arbeit, von der Zubereitung der Mahlzeiten, dem Abwasch bis hin zur Säuberung der Wohnung, ist einem digitalen Helferlein in die Hände gelegt worden. Andererseits besteht genau darin das Problem. Denn in der großen Krise von 2024 haben ganze Berufskohorten erleben müssen, dass ihre mühsam erworbenen »Kernkompetenzen« kurzerhand von einem Bot oder einem Algorithmus geschluckt worden sind. Hatte man sich in der ersten großen Finanzkrise damit behelfen können, dass man den Autobesitzern eine Abwrackprämie versprach, behaupten böse Zungen, dass man der Industrie nun eine Abwrackprämie auf Menschen gezahlt hat – darauf nämlich, menschliche Arbeit durch maschinelle Arbeit zu ersetzen. Und da nun nicht mehr bloß Industriearbeiter freigesetzt wurden, sondern Verwaltungsangestellte, Sachbearbeiter, Juristen und Ärzte – bildungsbürgerliche Schichten mithin –, war die Einführung eines bedingungslosen Grundeinkommens eine Notwendigkeit. Zwar wurde durch diese Maßnahme ein Zusammenbruch des Gesellschaftsgefüges verhindert, aber geblieben ist die Sinnkrise, in welche die arbeitswütige Gesellschaft dadurch gestürzt ist: ein Mehltau, der die Köpfe vernebelt. So wie die Bewohner des real existierenden Kommunismus einst ihren Mangel verklärt haben, lassen die Bewohner der Gegenwart vor allem die Vergangenheit aufleben – jene goldene Zeit, da man täglich noch ins Büro fuhr, sich mit den Kollegen am Kaffeeautomaten besprach oder mit der Social-Media-Beraterin plante, wie man die nächste Goodwill- oder 360°-Aufmerksamkeitskampagne fahren könne.

Das ist vorbei, wie vieles, was über Jahrhunderte eine fraglose Geltung besaß. Warum arbeiten, wenn doch eine Maschine dies viel präziser und klagloser erledigt? Wieso einen abgehetzten, kurzatmigen Arzt um eine Krankschreibung angehen, wenn doch ein Bot sich mit rührender, nicht nachlassen wollender Aufmerksamkeit um einen kümmert? Warum sich in die Hände prügelnder Altenpfleger begeben, wenn man, von Bots umsorgt, sich in einer luxuriösen Umgebung mit Altersgenossen vergnügen kann (die, weil nicht sediert, sehr viel jünger sind, als ihr physisches Alter mutmaßen lässt).

Nun sind dies – meinerseits jedenfalls – eher rhetorische Fragen. Denn allein die Vorstellung, meine letzten Tage auf diese Art zu verbringen, war mir schier unerträglich. Das ist der Grund, warum es mich auf den Mars verschlagen hat. Schaue ich aus unserer kleinen Erdkapsel, sehe ich totes Gestein: ein Nichts, in dem ich keine Minute werde überleben können. Und dennoch – oder vielleicht deswegen – liebe ich es, einer neuen Welt beim Entstehen zuzuschauen. Denn hier im Terrarium, einem riesigen, kathedralengroßen Kuppelbau, kann man den Pflanzen beim Wachsen zuschauen. Natürlich ist auch dieser Prozess, der ein Teil des Terraforming-Projekts ist, computergesteuert: Tausende von Sensoren beobachten die Pflanzen beim Wachstum, messen die Feuchtigkeit, die Luftverwirbelungen oder das Auftreten von Schädlingen. Gelegentlich wird die Halle von Techno-Rhythmen erschüttert, was wiederum die Bestäubung der Blüten besorgt. Meinerseits protokolliere ich, wie sich die Rhythmen des Lichts auf den Geschmack der verschiedenen Basilikumarten auswirken, die ich mit einem kleinen Stößel zu Pesto verarbeite oder dem Mozzarella-Tomaten-Salat beigebe. Bin ich, noch in Berlin, auf den Hund gekommen, so habe ich mich jetzt auf eine vegetabile Beobachterposition beschränkt. Mag sein, dass derlei einem Kulturschaffenden merkwürdig vorkommen mag, mir aber gefällt es – vielleicht auch bloß der Tatsache wegen, dass sich cultura immer schon auf den Ackerbau bezogen hat.

Im Augenblick hat unsere Station nur wenige Bewohner: Es ist Winter, dunkel, draußen herrscht Permafrost. Alle paar Tage schreibe ich einen langen Brief an meinen

Sohn, der im Augenblick in Singapur lebt. Da jedes Signal mehr als zweieinhalb Minuten benötigt, ist dies die beste Kommunikationsmöglichkeit, neben dem Videotagebuch, in dem ich Dinge festhalte, die sich schriftlich nicht festhalten lassen (wie die Blätter des Dark-Opal-Basilikums beispielsweise, der sich, zu Mozartklängen und dem dunkelroten Licht der LEDS, großartig gemacht hat). Seinerseits schickt er mir Hologramme, die ihn mit seiner Familie, aber auch in seiner Arbeitsumgebung zeigen. Als Spezialist für Machine-Learning-Techniken in der Erziehung gehört er noch zu den wenigen Menschen, die einer Tätigkeit nachgehen. Allerdings mache ich mir ernsthaft Sorgen um ihn. Denn der Widerstand, ja, der Hass, der Leuten wie ihm entgegenschlägt, ist ärger als alles, was der erbittertste Antisemitismus hervorgebracht hat. Als Stoiker hat er sich daran gewöhnt, als Agent des Weltkapitals betrachtet zu werden: ein blutsaugerischer, rücksichtsloser Psychogräber, der die tiefsten Empfindungen der Menschen ausbeutet. Niemand aus seiner Abteilung wagt es jenseits des Freundeskreises einzugestehen, dass man in den Diensten der Firma steht, die große Teile des weltweiten Datengeschäfts übernommen hat. Seine Frau hat mir, unter dem Siegel der Verschwiegenheit, anvertraut, dass sein Krankenhausaufenthalt im letzten Jahr nicht, wie er vorgab, auf eine Blutvergiftung zurückging. In Wahrheit war er das Resultat eines Angriffs, der von einem Mitglied der Datenbefreiungsaktion ausging – jener ludditischen

Sammelbewegung, die unter dem Schlachtruf »Souverän ist, wer über seine Daten verfügt!« die Digitalisierung rückabwickeln möchte.

Tatsächlich erinnere ich mich, dass schon um 2015 herum die ersten Erschütterungen jenes großen Bebens spürbar waren, das die Politik mit aller Macht heimgesucht hat, nicht als Frage, sondern in Gestalt eines ebenso begriffslosen wie gewaltsamen Widerstands. Waren es zu Anfang islamische Fundamentalisten, die die neue Welt in Bausch und Bogen verdammten (und ihre Bekennervideos auf YouTube verbreiteten), ist der Fundamentalismus zur allgemeinen Übereinkunft geworden. Nunmehr konkurrieren zahllose verfeindete Heilslehren darum, wessen beschädigte Identität die bewahrenswerteste ist. Meinerseits habe ich längst aufgegeben, die Frontverläufe dieses Bürgerkriegs verstehen zu wollen. Zwar ist es heutzutage ein Gemeinplatz, den Untergang des Abendlandes als geschichtliches Fatum, ja, als unabänderliche Größe aufzufassen, dennoch erscheint mir dies wie ein Versehen, ein orthografischer Fehler, der keinerlei Notwendigkeit für sich beanspruchen kann.

Gelegentlich rede ich, wenn ich mich nicht gerade dem Wachstum meines Basilikums widme, mit einem älteren Herrn. Zugegeben, diese Bezeichnung ist höchst irreführend, denn in Wahrheit ist er, wie er mir auf mein Fragen mitgeteilt hat, zehn Jahre jünger ist als ich. Nichtsdestotrotz fühlen sich seine Diskussionsbeiträge an, als ob sie einer vordigitalen Ära entstammten. Ich weiß nicht, was ihn hier auf den Mars geführt ist. Zur Zeit seiner Berufstätigkeit hat er Geschichte an einem Gymnasium gelehrt – eine traumatische Erfahrung, denn er wird nicht müde, die Kabalen des Zehlendorfer Schulamtes, ja, die Videotien dieser ganzen *Wisch-und-weg-Generation* heraufzubeschwören. Tatsächlich sind unsere Gespräche eher einseitig. Denn nachdem er sich nach meinem Dark Opal erkundigt oder mir seine letzte Salbei-Kreation vorgeführt hat, springt er umstandslos zu den geschichtsvergessenen Eliten, die er für die ganze Malaise, den Permafrost und sein Mars-Exil verantwortlich macht. Sie hätten das Land, nein, ganz Europa auf dem Altar der Hypermoral geopfert. Wenn ich anmerke, dass meinem Dafürhalten nach der Grund für diese Entwicklung weniger im politischen Diskurs begründet sei, als vielmehr in der Verleugnung des gesellschaftlichen Triebwerks, der Digitalisierung, hält er, leicht irritiert, inne und behauptet, selbige habe die westliche Dekadenz nur weiter befördert. Nein, nein, er bleibe dabei, eine wehleidige, selbstgefällige, durch und durch narzisstische Generation habe Europa in den Abgrund geführt. Und ich, um das einmal mit aller Klarheit zu sagen, sei ein durch und durch weltfremder Intellektueller, der in seinem Elfenbeinturm keinen Blick auf die Niederungen habe, mit denen einer wie er sich habe herumschlagen müssen. Wenn er sich so in Rage redet, denke ich, wie sonderbar! Dass selbst hier auf dem Mars der Begriff der *Weltfremdheit* eine Art Kampfbegriff ist – als sei es nicht immer darum gegangen, den Begrenzungen der Welt zu entkommen.

Und vielleicht beginnt hier meine Verwunderung, die letztlich die Gestalt dieses kleinen Büchleins angenommen hat. Warum hat die Gesellschaft jener Triebkraft, die ihr doch solche Zukunftssprünge erlaubt hat, so wenig Aufmerksamkeit dargebracht? Wieso hat man sich ein ganzes Jahrhundert über die Phantomschmerzen fossiler Industrien echauffiert, aber die digitale Logik nicht ins Auge gefasst? Hätte man nicht, anstatt sich in kulturellen und religiösen Auseinandersetzungen zu verlieren, eine lebens- und liebenswertere Welt schaffen können? Und während Meier-Rotluff (das ist der Name meines Stationsgenossen) nicht müde wird, die »Geisteszwerge« einer untergegangenen Welt in Grund und Boden zu reden, tröste ich mich damit, dass auch diese Suada bestenfalls die Sauerstoffatome unserer Station aufwirbeln wird. Hat nicht auch das Mittelalter, als man ihm seine Glaubensgewissheiten nahm, über Jahrhunderte gewütet – immer mit dem Ziel, zu den vermeintlichen Werten des Abendlandes zurückkommen? Aber der Weg zurück ist versperrt. Denn eines Tages erwacht man – und begreift, dass nichts mehr ist, wie es war. Ist das schlimm? Nein, und warum auch?

Manchmal, wenn ich nicht schlafen kann, trete ich ans Fenster und schaue in den nächtlichen Himmel. Obwohl nur winzig kleine, übereinanderstehende Punkte, kann ich Erde und Mond am Marshimmel sehen. Zwar ist die

Erde, von hier aus besehen, kaum mehr als ein Sehnsuchtsgedanke, trotzdem hat dieser Gedanke mich hierhin geführt: an diesen Ort, wo man nichts anderes sucht, als die Schönheit der Welt, verjüngt und neu, entstehen zu lassen: Dass man irgendwann vor die Tür treten und tief durchatmen kann, in vollem Bewusstsein: Das Leben ist schön.

Verlagsgruppe Random House FSC® N001967

PENGUIN und das Penguin Logo sind Markenzeichen
von Penguin Books Limited und werden
hier unter Lizenz benutzt

1. Auflage
Copyright © 2018 Penguin Verlag
in der Verlagsgruppe Random House GmbH,
Neumarkter Str. 28, 81673 München

Illustrationen: Martin Burckhardt
Bildbearbeitung: GGP Media GmbH, Pößneck
Umschlaggestaltung: FAVORITBUERO, München,
nach einer Idee von Martin Burckhardt
Vorlagen für Abbildungen entstammen der Public Domain.
Bei eventuellen Rechtsansprüchen
bitten wir um Kontaktaufnahme.
Satz: Leingärtner, Nabburg
Druck und Bindung: CPI books GmbH, Leck
Printed in Germany
ISBN 978-3-328-60001-5
www.penguin-verlag.de

Dieses Buch ist auch als E-Book erhältlich.

MARTIN BURCKHARDT

Martin Burckhardt
SCORE
E-Book und Hörbuch-Download

Wir schaffen das Paradies auf Erden

In einer nicht allzu fernen Zukunft: Regierungen sind abgeschafft, Geld, Gewalt, Krankheiten, Umweltverschmutzung, Ungerechtigkeit ebenso. Nollet heißt das Unternehmen, das Glück für alle garantiert. Aber noch gibt es die »Zone«, wo ein erbarmungsloser Überlebenskampf tobt. Zwischen Utopie und Dystopie entwirft Martin Burckhardt mit dieser fundierten »Social Fantasy« eine Gesellschaft, die uns viel näher ist, als wir denken.

»Ein hochkomplexer, mit allen dräuenden
Fragen unserer Tage beschäftigter Roman auf
internationalem Niveau.« *Culturmag*

.

Christoph Keese
DISRUPT YOURSELF
Vom Abenteuer,
sich in der digitalen Welt
neu erfinden zu müssen

Auch als E-Book und Hörbuch-
Download erhältlich

Wie unser persönlicher digitaler Wandel gelingt

Rund die Hälfte aller Jobs wird verschwinden. Gut möglich, dass der eigene dabei ist. Christoph Keese zeigt, wie wir den Entwicklungen zuvorkommen und uns verändern, bevor uns die Entscheidung abgenommen wird. Wie wir unsere Stärken gezielt einsetzen, um selbst zu Erneuerern zu werden. Die Beispiele seiner Gesprächspartner machen Mut: Wenn wir rechtzeitig handeln, erwartet uns eine glanzvolle digitale Zukunft!

»Stellt euch vor, es ist digitaler Wandel und Deutschland schläft: Das kann passieren, wenn wir dieses Buch nicht lesen.« *F.A.Z. über* Silicon Germany